Famine, Affluence, and Morality

Peter Singer

飢えと豊かさと道徳

ピーター・シンガー｜著
児玉聡｜監訳

keiso shobo

飢えと豊かさと道徳

目次

凡　例

・本書は Peter Singer, *Famine, Affluence, and Morality*（Oxford University Press, 2016）の全訳である。
・原著における強調のためのイタリックは、傍点で示した。
・〔　〕は訳者による注や補足の挿入を表している。
・原注は（1）、訳注は〔1〕のように示し、章末にまとめた。
・本文や注のなかで言及されている文献について、邦訳のあるものは〔　〕で示した。

序

シンガー氏が「飢えと豊かさと道徳」を著してから四〇年以上が経ちましたが、その間に世界は劇的に改善しました。今日、世界の人々のうち、極度の貧困状態で暮らす人の割合は当時の半分以下となり、また五歳の誕生日を迎える前に亡くなる子どもの割合はそれ以上に減少しました。一九六〇年には、世界の子どもたちのおよそ二〇％が五歳になる前に亡くなっていました。一九九〇年までには、その割合は一〇％となり、今日では五％に近づいています。

しかし、五％というのはまだあまりに大きな数値です。これは、一年間に六三〇万人もの子どもが死んでいるということです。こうした死の大半は、下痢や肺炎やマラリアなど、我々が予防法や治療法を知っている疾患によってもたらされています。とはいえ、子どもの死が減少しているという事実は、我々に希望を抱かせるものです。この事実は、援助が実際に役立つことを示しており、対外援助は何の役にも立たないという有害な神話の誤りを明らかにしています。

シンガー氏の著作で論じられているのは、我々が力を合わせれば、子どもたちの死のような、とても悪いことが起きるのを防げるということです。今日、この主張を支持するエビデンスは、〔「飢えと豊かさと道徳」が公表された〕一九七二年の頃と比べると、はるかに強固になっています。幸いなことに、ますます多くの人々がこの主張が正しいと考えるようになっており、また彼らの多くは実際に活動も行なっています。読者は、シンガー氏の論文は、出版当時は時代の先を行きすぎていたと考えるかもしれません。しかし、おそらく、ようやく時代が追いついて来たのです。

――ビル・ゲイツとメリンダ・ゲイツ
ビル＆メリンダ・ゲイツ財団共同議長

はじめに

「飢えと豊かさと道徳」は、当時の東パキスタンにおける軍事弾圧によってもたらされた難民危機の最中に執筆されたものである。九〇〇万もの人々が国境を越えてインドへと逃れたが、彼らは難民キャンプでの生活に苦しんでいた。今から見れば、この難民危機はバングラデシュが独立国家として生まれてくるための重要な段階であったと見なすこともできるが、当時はそうした幸運な結果が生じる可能性は明白ではなく、他方で、莫大な数の人々が危機に瀕していることは明らかだった。私はこの深刻な緊急事態を出発点として用い、裕福な国々に住む人々は世界のずっと貧しい地域において大変な困窮状態で暮らす人々を助けるためにずっと多くのことをなすべきだという議論を行なったが、この議論はその適用範囲に関して極めて一般性が高く、またこの議論がつきつける課題は一九七一年においてと同様、今日でも非常に挑戦的なものである。

当時、倫理学と政治哲学は刺激的な新たな変容を迎える時期にあった。それまで二五年の間、道徳哲学は「よい」や「べきである」といった道徳語の意味の分析のみを主題としており、これは、私たちがいかに生きるべきかに関する実質的問題には何の含意も持たないと見なされていた。A・J・エアは、行為指針を得るために道徳哲学者に助言を求めようとするのは誤りだと書き、また、「少なくとも現時点では、政治哲学は死んでいる」というピーター・ラズレットのよく引用される一文は、広く共有された見解を要約していたと思われる。(1) この「現時点」が終わったのは、一九六〇年代の学生運動によって、市民権、人種差別、ベトナム戦争、市民的不服従などの当時の主要な問題に関連する講義の開講が求められたときである。すると、一部の哲学者たちは、哲学の伝統を繙くと、昔の哲学者たちはこうした問題に関してたくさん発言していたことを思い出した。『哲学と公共問題(*Philosophy & Public Affairs*)』という新しい学術誌が創刊される際に公表された「趣意書」では、公的関心の高い諸問題を哲学的に吟味することは、「そうした諸問題の明晰化と解決に貢献しうる」と主張されていた。（現在では信じがたいことだが、これほど慎重な言い回しを用いた声明が急進的と見なされかねなかったのだ。）かくして、「実践」倫理学ないし「応用」倫理学として今日知られている分野が始まった――あるいはむしろ復活した。

まもなく創刊予定だった上記の学術誌が投稿論文の応募を始めたとき、私はオックスフォード大学の大学院を修了したばかりで、ちょうど最初の研究職に就いたところだった。私はすでにオーストラリアでの学部生時代に、中絶法改革運動やベトナム戦争反対運動に関わったことがあった。オックスフォード大学では、民主主義国家における遵法義務の根拠について学位論文を書いた[2]。当時、妻と私は収入の一〇%をオックスファムに寄付しており、また、動物が食肉になる前にどのように扱われているかについて学んでベジタリアンになったばかりであった[3]。私は自分の人生で向き合う重要な倫理的問題に対して哲学的な仕方で取り組みたいと強く願っていた。『哲学と公共問題』の創刊は、その願いを果たす完璧な機会を私に提供してくれた。「飢えと豊かさと道徳」は、一九七二年春、第一巻第三号に掲載された。

この論文はすぐに倫理学の講義の定番のトピックとなった。この論文を収録している論文集の数は、完全に数え切れてはいないものの、五〇にのぼる。毎年、この論文は多くの国々で何千もの学部生と高校生に読まれている。だが、最近までこの論文は、学生たちに倫理的に生きているかどうかを考えるように仕向けるためではなく、知的なパズルを提示するために用いられることの方がおそらく多かったと言えるだろう。大学教員たちは次のように言いながらこの論文を提示するのが常だった。「この論文の議論は健全と思われるが、その結論はありえないほど過度な要求をしている。この議論のどこに欠陥があるかを考えてみなさい」。しかしながら、この一〇年の間に、ますます多くの学生たちが、また少なくとも一部の大学教員たちが、違った態度を取るようになってきた。彼らはその議論に欠陥を見出さず、その倫理的含意の探究に熱意を注いだ[4]。効果的利他主義（Effective Altruism）として知られる新たに台頭してきた運動には、この論文や本書に収録された他の論考によって影響を受け、自分の生き方を変えた多くの人々が参加している[5]。以下に数例をあげよう。

・トビー・オードは哲学科の学生だったときにこの論文を読んだ。彼はその後、Giving What We Can を設立した。この団体は、自分が最も善いことをすると考えた慈善団体に対して、退職するまで課税前所得の一〇％を寄付することを誓約するように人々に勧めている。本書の執筆時点で、Giving What We Can の会員は八〇〇万ポンド以上を寄付しており、また既になされた誓約により、彼らは生涯の間に推定四億五七〇〇万ポンドを寄付することになっている。

・クリス・クロイは、ミズーリ州のセントルイス・コミュニティカレッジ・メラメック校で取った授業で、「飢えと豊かさと道徳」を読んだ。授業ではそれに反対する立場の論文も読み、その論文で哲学者のジョン・アーサーは、仮に私〔シンガー〕の議論が正しいとすると、私たちは片方の腎臓のような身体の一部をも他人に寄付することで彼らを援助すべきことになってしまうと論じた。アーサーによれば、これが正しいはずがない——彼の考えでは、より多くの善がそのような寄付からもたらされるからといって、私たちがそうするべきだということが示されたとは言えない。クロイには、これは極度の貧困状態にある人々に寄付することに対する有効な反論というよりも、腎臓を寄付することを支持する議論であるように思えた。彼はこの問題をよく考え、また友人と議論した末に、地元の病院に電話をかけ、その後片方の腎臓を見知らぬ人に寄付した（臓器提供を受けた人は、主に貧しい子どもたちが通う学校で働く四三歳の学校教師であった）。

・スウェーデンの作曲家グスタフ・アレクサンドリーは、世界で最も貧しい人々を助ける団体に寄付すべきだとする私の諸著作に影響を受けた。彼は自分が非常に重要だと思う考えをもっと広めるのを助けたくて、そうするために自分に特有の専門能力を使おうと決めた。彼は合唱音楽を一つ作曲し、そのなかで合唱団は、論文の主要なアナロジーである浅い池で溺れかけている子どもについて歌う。アレクサンドリーの作曲は、二〇一四年にストックホルムでジャン・リスバーグが指揮するソドラ・ラテン室内合唱団によって初演された。

・ディーン・スピアーズは二〇一四年に経済学の博士課程を修了した。数年前に彼と彼の妻ダイアン・コフィー（彼女も博士号を取得するためにプリンストン大学で研究していた）は、Research Institute for Compassionate Economics または r.i.c.e（www.riceinstitute.org）と呼ばれる団体をインドで設立した。ディーンは大学院修了後に、r.i.c.e で常勤で働くようになった。彼が私にEメールで連絡してきたときの表現を用いれば、彼の決心は、「大部分は「飢えと豊かさと道徳」を読んだことから始まった一連のプロセスによる」ものだった。しかしながら、本論文の議論は、貧しい人々への奉仕を一生の仕事にするというダイアンの長期にわたる決心によって、大いに補強されたと言える。ディーンとダイアンは現在はインドに住み、屋外排泄の問題に対する取り組みに専念している。これは、おそらく議論するのが恥ずかしいと思われるがゆえに不当に無視されてきた問題であるが、幼い子どもの健康に深刻な影響を及ぼし、その結果、彼らの成人後の健康をも害しうるものである。もちろん私は、私の論文によってディーンとダイアンがそのような重要な仕事をするに至ったのかもしれないということをうれしく思う。しかしながら、ディーンからのメールの中で私のお気に入りの箇所は、次のように述べた脚注であった。「私たちは結婚式で、池の話の一部を朗読しました」。

・私がこの序文を書いていた二〇一五年一月に、デイヴィッド・バーナードというスウェーデンのウプサラ大学の学生からEメールを受け取った。彼は、新たに結成された効果的利他主義ウプサラ支部が手配した会議で私に講演してほしいと述べ、彼の大学に私を招待した。その後に、デイヴィッドは以下のような個人的な文章を記していた。「『飢えと豊かさと道徳』は、私が効果的利他主義を発見するに至った道の第一歩でした……。あなたの諸著作は、よいことをしたいという私の曖昧な欲求を果たすための具体的行動をとるのに計り知れない助力となり、また私の人生にずっと大きな意味を与えるのに役立っています」。

次はあなたが「飢えと豊かさと道徳」を読む番だ。もしかすると、あなたの人生も変わるかもしれない。もしあなたがこの論文を読んで説得されたなら、どうしたらその中心的な考えを広める手助けをできるかについて考えてみてほしい。

◇

「飢えと豊かさと道徳」は、私たちのうちで十分に倫理的な生活を送れている者はほとんどいないという居心地の悪い結論へと至るがゆえに、それに相応しい量の――あるいはもしかするとそれ以上の量の――批判や反論を受けてきた。修正が必要な一つの点は、慈善団体への寄付によって人命を救うのにかかる推定費用である。池で溺れている子どもを救うことと、貧困関連の原因で死に瀕している発展途上国の子どもの命を救うこととの類比からすれば、泥だらけの服を交換するのにかかる費用で一人の命を救えることが示唆される。ここに再録された第二論文「世界の貧困に対するシンガー流の解決策」では、二〇〇ドルで一人の命を救えるというピーター・アンガーの概算が参照されている。別のところ——例えば、これも本書に再録されている「億万長者はどれだけ寄付をするべきか——そしてあなたは?」など——では、子どもを救うために池の中を歩いて渡ると靴がダメになるため、高価な靴一足という費用で一人の子どもの命を救えると想定していた。

「飢えと豊かさと道徳」の公刊以降に慈善事業において起きた非常に歓迎すべき発展がある。それは、今日、世界中の貧しい者を援助しようとする慈善団体の実際の達成度を評価することに対して、以前に比べてはるかに大きな力点が置かれていることだ。個々の慈善団体の有効性について多くの研究がなされているため、人々はよりよい慈善の選択をできるようになり、したがって自分が寄付したお金でより多くの善行ができるようになる。この研究から示されたのは、一人の命を救うのにかかる費用に関してかつてなされていた見積りは、多くの場合、関連するすべての費用を含んでいなかったり、あるいは、マラリアから人々を守るために蚊帳を提供するといった形態の援助によって実際のところどれぐらいの頻度で命が救われているかに関する不正確な推計に基づいていたりした、ということだ。[6] 慈善団体の費用対効果を厳密に評価することに関して主導的な役割を果たしてきたギブウェルの推計によれば、アゲンスト・マラリア財団がアフリカのマラリア多発地域の一家族に対して蚊帳を提供し配達するのに七・五ドルしかかからないが、この配布の結果として一人の生命が救われるのにかかる費用は、三三四〇ドルである。この違いは、大半の蚊帳は命を救わないという事実を反映している（とはいえ、その場合でも、蚊帳がマラリアによる致命的ではないが衰弱をもたらす事例を防いだり、また、蚊によってもたらされるそれ以外の病気を防いだりしている場合もある）。ギブウェルは、一般に、救われる命一人当たりの費用が五〇〇〇ドル未満であれば、その慈善団体は非常に費用対効果がよいことを示すものと考えている。(7) 私たちの大半にとっては、この額は最も高価なスーツや靴の値段よりもはるかに高いため、その費用と貧困関連の原因で危機にある子どもの命を救うのに必要となる費用とを比べるのは間違っていたと言える。とはいえ、裕福な国々に住む中流階級以上の人の大半は、一人の命を救うことの道徳的重要性とは比べものにならないような品物に対して五〇〇〇ドルよりずっと多くのお金を使っていることは間違いない。さらに、「世界の貧困に対するシンガー流の解決策」の中で私が引用しているボブとブガッティの物語を用いてアンガーが示したように、目の前にいる子どもを助けられる状況において我々が抱く直観的判断は、我々は自分の衣服よりもはるかに価値のある持ち物や、五〇〇

○ドル以上の価値のある持ち物でさえ犠牲にする覚悟をしておいた方がよいというものだ。それゆえ、一人の命を救う費用に関する修正は「飢えと豊かさと道徳」の基本的な道徳的議論を損なうものではないと言える。

私は、本書に収められているニューヨーク・タイムズ紙に寄稿した二つの論文において、他のいくつかの反論に応答している。また、さらなる応答は『実践の倫理』と『あなたが救える命』で読むことができる。元の議論を擁護する者もいる。実際のところ、この議論に関しては今や相当数の学術的文献がある。(8) しかしながら、ここではこの論争をこれ以上深く掘り下げるのではなく、むしろその代わりに、近年のある心理学研究に言及することによって議論の幅を広げたいと思う。その研究は、池で溺れる子どもの話に対して我々が実際に行なう応答の仕方を理解する一助となるものである。

◇

ジョシュア・グリーンはハーバード大学の心理学科で道徳的認知研究室の主任教授を務めているが、彼は心理学に進む前にプリンストン大学で哲学の博士号を取得したため、池で溺れる子どもの例によって提起される問題についてよく知っていた。彼は、自分の近くで溺れている子どもを助けないことを非難しつつも、自分からは遠く離れたところにいる飢え死にしそうな子どもを助けないことは許容するという態度に問題があることを十分に認識していたが、ほとんどすべての人が二つの事例をまったく異なった仕方で直観的に判断することにも気付いていた。彼はその理由を知りたいと考えていた。

私が提示した元の例では、二つの状況の間には潜在的に重要な違いがいくつかある。池で溺れている子どもはあなたの近くにいて、おそらくあなたの住む地域の住人である一方で、餓死しそうな子どもは遠く離れたところにいて、外国人である。子どもが池に落ちるのはめったにない非常事態である一方で、世界の貧困は継続中の問題である。池で溺れていて救助を必要とする子どもはただ一人の特定可能な人であり、あなたはその子どもを救えるが、その一方で、貧困関連の原因で命を落とす困窮した子どもは毎年何百万人もいて、あなたは彼ら全員を救うことはできないし、また自分が助けなかったら死ぬであろう子どもを特定することさえできない。あなたは池で溺れている子どもを助けられる唯一の人間だが、貧困状態で暮らす子どもはそれなりに富裕な人であれば誰でも救えるがゆえに、池で溺れている子どもを救う場合とは異なり、これらの子どもを救う責任は分散している。

さらに、池の事例では、あなたは自分の行動によって一人の命が救われる可能性が非常に高いことを自分の目で確かめることができる一方で、援助団体に寄付する場合は、あなたは自分の寄付がもたらしうる影響に関して、誰か他の人によって集められた情報に頼らなければならない。私たちの直観的判断が異なることに関して、これらの要因のいずれがより大きな影響を及ぼしているのか。この問いに答えられるならば、我々はその答えから直観的判断の信頼性について何かわかるかもしれない。

グリーンは学生のジェイ・ミューセンと協力して、様々な想像上のシナリオに対する人々の反応を調べた。群を抜いて最も大きな影響を持つ要因は、子どもと援助しうる人との間にある物理的距離であることが判明した。一つのシナリオでは、あなたが発展途上国で休暇を過ごしているときにその国が破壊的台風に襲われる。あなたは丘の上のたっぷり貯えのある別荘に籠っているため安全であるが、別荘から見渡せる海岸では、人々が食糧、衛生設備、医療品を切実に必要としている。救援活動が進行中であり、あなたが寄付をすればその活動によってより多くの人々が助かることになる。この話に対しては、六八％の回答者があなたには寄付する道徳的義務があると答えた。別のバージョンでは、発展途上国にいるのはあなたではなく友達である点を除いて、すべてが同じである。あなたが家でコンピューターを使っていると、あなたの友人が連絡してきて、現状を説明し、スマートフォンを使って被害を受けた地域と救援活動に関する生の映像ツアーをしてくれる。その結果、あなたはその場にいる彼の体験を共有できる。この場合も、あなたはオンラインでクレジットカードを用いれば、直ちに寄付することで援助ができる。これら二つのシナリオでは、グリーンが「シンガーの元の仮想的状況における混乱」（これはある程度正当な指摘である）として言及している事情は取り除かれていることに留意してもらいたい(9)。あなたは同じ情報と同じ援助能力を持っている。おそらくは地元に住む特定の子どもを助けるべく池に飛び込むことと、困窮した大勢の外国の子どものうちの一人を助けるべく国際援助団体に寄付することの間にあるその他の違いも除去されている。だが、二つ目のシナリオでは、あなたには助ける道徳的義務があると答えた者はたったの三四%であった。両者の違いを生み出しているのは、物理的距離だと思われる(10)。

グリーンによると、たしかに我々は遠く離れたところにいる子どもを助けない人の性格に比べて、新しいスーツを買わないといけなくなることを気にして子どもが眼前で溺れ死ぬのを見過す人の性格に対して、より厳しい否定的判断を下すかもしれないが、よくよく考えてみるなら、物理的距離は正しいことと不正なことの間の道徳的な違いにはなりえない。何が起きているのかというと、我々は大抵の状況に関して自分の道徳的直観を規定する「融通の効かない自動設定」を持っているのだと彼は示唆する。これはちょうど、カメラの自動モードと手動モードを使う際の違いに似ている。大抵の状況では全自動モードで撮影しても十分良く撮れるので、なぜわざわざ焦点、絞り、シャッタースピードを手動で設定する必要があるだろうか。ほとんどの人はそうしない。道徳的推論においても、我々は意思決定に至るために二つの可能な方法がある。我々はよくある状況に対して迅速だが融通の効かない反応を生み出すよう進化してきた道徳的直観を持ち、また、我々が一から解決策を考え出すのを可能にする一般的な推論能力も持っている。我々は、自分の目の前で助けを必要としている子どもが親族であったり、自分が交流を続けている人の子どもであったりするような小さな顔見知りの社会において進化してきたため、自分の目の前にいる子どもを助けるのを拒むのは極悪非道の所業であるという考えを生み出す感情的反応を進化させてきた。しかしながら、我々人類の進化の歴史のほぼ全期間において、我々には自分から遠く離れたところで助けを必要としている子どもを助ける可能性どころか、彼らに気付く可能性さえなかった。そこで我々は、遠く離れたところにいる見知らぬ人を助けないことに対する感情的反応を一度も進化させてこなかったのだ。この問題について考えるには、我々は手動モードに切り替えて、何をすべきかを決めるために我々の推論能力を用いなければならない[11]。

グリーンの研究を基礎にして、私が「飢えと豊かさと道徳」でしていたことを改めて見直すことが可能である。最初に私は、溺れている子どもを助けることに対する我々の進化した「全自動」の反応に訴えることから始めた。次に「手動モード」に切り替えることで、我々は次のことを理解できるようになる。すなわち、この事例と、回避可避な貧困関連の原因によって死に瀕している遠く離れた子どもたちに関して我々が置かれた状況との間の違いによっては、溺れている子どもの救命は道徳的な義務であるが遠く離れた子どもたちを助けるのは任意であるという判断は正当化できない、ということだ。この論文は、哲学的論証を提示しているため、我々は推論能力を使用することが要求される。そしてこの観点からすると、ある状況では非常に強い直観的非難を行ないながら別の状況ではそのような反応が起きないことに対して、いかなる正当化もできないことを我々は認めざるをえない。しかしながら、進化論的な観点からすれば、これは驚くべきことではない。というのは、進化によって選択される特性は我々の生存可能性と生殖適応度を高めるのに役立つ特性であり、遠く離れたところにいる見知らぬ人を助けることはそのような役には立たないからだ。我々の推論能力それ自体ももちろん進化の産物であるが、我々はこの能力のおかげで自分自身の生存と生殖という限界を超えて考えることができ、そして、進化によって我々が身に付けた道徳的直観について批判的に反省することができる。[12] そこで、二つの状況には明らかに道徳的な違いがあるという我々の直観的判断に関する進化論的説明は、その直観的判断を正当化しない。それどころか、この説明はその判断の正体を暴き出し、我々に考え直すように命じるのだ。

◇

一九七一年に私が問題にしていたのは、九〇〇万人の命を脅かしていた特定の人道的危機であった。現在の目標は極度の貧困の削減であり、またそれが原因で毎年生じている六〇〇万以上の早逝を減らすことである。それは解決不可能な問題のように思われるかもしれないが、そのような認識自体が極度の貧困の削減を進展させるにあたっての主要な障害となっている。池で溺れている一人の子どもを救ったとしても、大勢の子どもがたえず次々と池に落ちているなら、それが一体何の役に立つだろうか。しかしながら、ビル・ゲイツとメリンダ・ゲイツが序で指摘しているように、これは現実の状況を表していない。我々は極度の貧困の削減に関して、また、発展途上国の子どもの主要な死因である麻疹、マラリア、下痢などの病気との戦いに関して、希望の持てる進歩を遂げている。ますます多くの子どもたちが学校へ行き、その結果、一人あたりの出生数が下がり、自分たちの子どもの世話をよりよくできるようになった。極度の貧困を克服することに対して、かつてこれほど関心が高まったことはなかった。極度の貧困を克服するための最善の方法を発見するために、これほど多くの最も聡明な大学の卒業生たちが献身したことはかつてなかった。我々はこれまでに達成されたことで満足するわけにはいかないが、この達成によって希望を持つことができ、そしてこれから数十年の間にもっとよい結果を達成することを期待するのは理に適っていると言えるだろう。

原注

(1) A. J. Ayer, "The Analysis of Moral Judgment" in A. J. Ayer, *Philosophical Essays* (London: Macmillan, 1954). 私が「飢えと豊かさと道徳」を執筆していた頃、道徳哲学の主題に関することのような見解を批判する短文が、"Moral Experts," *Analysis*, 32 (1972): 115–17 として公刊された。

ピーター・ラズレットの言葉は、彼が編集した *Philosophy, Politics and Society* (Oxford: Blackwell, 1956) の序論にあるものである。

(2) この学位論文は、*Democracy and Disobedience* (Oxford: Oxford University Press, 1973) という私の初めての著書の土台となった。

(3) 私はこの議論を *Animal Liberation* (New York: New York Review/Random House, 1975) という二冊目の著書で提示した〔邦訳：ピーター・シンガー『動物の解放 改訂版』戸田清訳、人文書院、二〇一一年〕。

(4) ジョシュア・グリーン (Joshua Greene) は、私がハーバード大学で二〇一五年四月に行なった講演に先立って、ハーバード大学の効果的利他主義を代表して私を紹介したとき、本論文に対するアプローチにおいてこのような移り変わりがあることを説明した。ハーバード大学で学部生だった彼は、彼の教授が本論文に対してとったアプローチを、私の講演会を手配した学生たちおよびそれを聞くために大きな講義室を埋め尽くした学生たちのアプローチと対比させた。

(5) *The Most Good You Can Do* (New Haven: Yale University Press, 2015)〔邦訳：ピーター・シンガー『あなたが世界のためにできるたったひとつのこと』関美和訳、NHK出版、二〇一五年〕と William MacAskill, *Doing Good Better* (New York: Gotham Books, 2015) を参照。

(6) こうした根拠に基づく池の類比の批判に関しては、以下を参照。Jonah Sinick, "Some Reservations About Singer's Child-in-the-Pond Argument," at http://lesswrong.com/lw/hr5/

some_resevations_about_singers_childinthepond/ 二〇一五年八月九日アクセス。

(7) http://www.givewell.org/International/top-charities/amf ギブウェルは救われる命一人当たり五〇〇〇ドル未満であれば何であれ、値段に見合った価値があると見なしているが、そのような評価額をあまりに文字通り受け取ることには注意が必要だとも警告している。さらなる議論については以下を参照。http://www.givewell.org/international/technical/criteria/cost-effectiveness

(8) Peter Singer, *Practical Ethics*, 3rd ed. (Cambridge: Cambridge University Press, 2011)〔邦訳：ピーター・シンガー『実践の倫理〔新版〕』山内友三郎・塚崎智監訳、昭和堂、一九九九年。ただし、これは第二版の訳である〕：Peter Singer, *The Life You Can Save* (New York: Random House, 2009)〔邦訳：ピーター・シンガー『あなたが救える命』児玉聡・石川涼子訳、勁草書房、二〇一四年〕。「飢えと豊かさと道徳」の議論に関する現在の学術的文献を検討したい人にとってよい出発点となるのは、Patricia Illingworth, Thomas Pogge, and Leif Wenar, eds., *Giving Well: The Ethics of Philanthropy* (Oxford: Oxford University Press, 2010) であり、特に Elizabeth Ashford, "Obligations of Justice and Beneficence to Aid the Severely Poor," pp. 26-45 および Leif Wenar, "Poverty Is No Pond: Challenges for the Affluent," pp. 104-32 である。Wenar の論文への応答に関しては以下を参照。Theron Pummer, "Risky Giving," at http://blog.practicalethics.ox.ac.uk/2015/01/risky-giving/ 二〇一五年一月一三日アクセス。

(9) "Deep Pragmatism: A Conversation with Joshua D. Greene," August 30, 2013. http://www.

edge.org/conversation/deep-pragmatism

(10) ドイツのゲッティンゲン大学のヨナス・ナーゲルとミヒャエル・ヴァルトマンもまた、池で溺れている子どもと発展途上国で貧困状態にある子どもに対する反応の違いをもたらす要因について調査をして、別の結論に至った。彼らによれば、物理的距離ではなく、情報の直接性が主たる要因であった。（以下を参照せよ。Nagel and Waldmann, "Deconfounding Distance Effects in Judgments of Moral Obligation," *Journal of Experimental Psychology: Learning, Memory and Cognition* 39 (2013): 237-52.）グリーンの研究では、その要因を調整した場合でも、距離が非常に大きな違いを生むことがわかった。しかし、グリーンが指摘するように（*Moral Tribes* (New York: Penguin, 2013), 378, 261n〔邦訳：ジョシュア・グリーン『モラル・トライブズ 上・下』竹田円訳、岩波書店、二〇一五年、下巻原注一八頁〕）、彼が自分の研究から引き出した結論（これは次の段落で説明する）は、たとえ情報の直接性が私たちの反応において重要な要因であったとしても、等しく妥当性を持つ。

(11) Joshua Greene, *Moral Tribes* を参照。カメラとの類比の初出は一五ページであり〔邦訳上巻一九〜二〇頁〕、第五章でより詳細に展開されている。

(12) この議論は Katarzyna de Lazari-Radek and Peter Singer, *The Point of View of the Universe* (Oxford: Oxford University Press, 2014) の特に第七章で詳細に行なわれている。

謝辞

私が最も感謝しているのは、私の妻のレナータである。貧困で苦しむ人々に我々は自分の収入の一部を提供すべきかどうかについて、私が最初に議論した相手は妻であった。彼女がこの考えを躊躇なく支持していなければ、我々はオックスファムへの寄付を始めなかっただろうし、もし寄付を始めなかったならば、私が「飢えと豊かさと道徳」を執筆することもなかっただろう。さらに、もしロナルド・ドゥオーキンが、一般市民に関心のある事柄を哲学的に考える新しい学術誌に論文を投稿するように私に勧めてくれていなかったならば、私はこの問題に関する私の考えを書き上げることはなかったかもしれない。それゆえ、『哲学と公共問題』の創刊に関わった人々全員が、本書の題名になっている論文に関していくらかの功績を認められてよい。

この論文を書籍の形で出版したいという提案をしてくれたオックスフォード大学出版局のピーター・オーリンと、出版過程において協力してくれたエミリー・サッカリンとグウェン・コルヴィンに感謝する。また、序文を寄せてくれたビル・ゲイツとメリンダ・ゲイツにも感謝している。

最後に、効果的利他主義を自分の人生の重要な一部にしている大勢の人々に感謝を述べる番である。あなた方が「飢えと豊かさと道徳」を読んだことがあるにせよないにせよ、あなた方はその中心的議論に新たな重要性を与えてくれた。あなた方はそれを単なる哲学的なパズルとしてではなく、我々がどのように生きるべきかに関する指針として扱うことができることを示したのだ。

飢えと豊かさと道徳

初出：*Philosophy and Public Affairs* 1, no. 3 (Spring 1972): 229–43.

一九七一年一一月、私がこの論文を書いている間にも、東ベンガルでは人々が食料、住居、医療の不足によって死んでいる。現在そこで起きている苦しみや死は不可避ではない——つまり、「不可避」という語のいかなる宿命論的な意味においても、回避できないわけではない。恒常的な貧困、サイクロン、および内戦によって、少なくとも九〇〇万の人々が極貧の難民状態へと追いやられている。[1] とはいえ、豊かな国々が十分な援助を行なうことで、今後生じる苦しみを極めて小さな規模に留めることは決して不可能なことではないのだ。人類の決断と行動によってこうした苦しみを防ぐことができる。しかし、残念ながら、人類は必要な決断を未だに下していない。個人のレベルで言えば、ごく少数の例外を除いて、こうした状況に対して意味のある仕方で行動している人はいない。一般的に言えば、まとまった額のお金を救済基金に寄付した人はまだいない。国会議員に手紙を書き、政府の援助を増やすように要求した人もいない。また、難民に基本的ニーズを満たすための手段を提供することを求める街頭デモを行なったり、断食デモを実行したり、その他のことをしたりした人もいない。国家のレベルで言えば、難民が数日以上生き延びることのできるほどの大規模な援助をした国はまだない。例えば、英国は大半の国に比べてずっと多くの援助をしてきた。英国はこれまでに一四七五万ポンドの援助を行なっている。比較のために言うと、英仏コンコルド計画に投じられた回収不可能な開発費用のうち、英国の負担分はすでに二億七五〇〇万ポンドを超えており、現在の推定では、四億四〇〇〇万ポンドに届くとされる。このことが暗に意味しているのは、英国政府は超音速旅客機が九〇〇万人の難民の命と比べて三〇倍以上の価値を持つと考えている、ということだ。オーストラリアも、国民一人当たりの額で考えると、「ベンガル支援国」の一覧表の上位に位置する国の一つである。しかし、オーストラリアの援助額は、シドニーの新しいオペラハウスの建設費の一二分の一にも満たない。すべての資金源を合わせると、これまでの援助総額は約六五〇〇万ポンドである。難民を一年間生存させるのに必要な費用は推定で四億六四〇〇万ポンドである。難民の大半は難民キャンプにすでに六カ月以上滞在している。世界銀行によれば、インドは今年の終わりまでに他の国々から最低三億ポンドの援助が必要である。この規模の援助は期待できないことは明らかだと思われる。インドは難民を餓死させるか、自国の開発計画のための資金を転用するかの二択を迫られることになる。後者の選択肢を選べば、将来、より多くの国民が餓死することになるだろう(1)。

以上のことは、ベンガルの現状に関する基本的な事実である。豊かな国に住む我々にとっては、規模の大きさを除けば、この状況には何ら特別な点はない。ベンガル危機は、自然的または人為的な原因によって世界の様々な地域で起きている一連の重大な緊急事態のうち、最近起こった最も深刻なものであるにすぎない。他にも世界の多くの場所で、特別な緊急事態とは関係なく、栄養失調や食料不足で死にゆく人々がいる。私が例としてベンガルを挙げたのは、それが今日の関心事であり、また、問題の規模が大きいため、十分に知られているからにすぎない。個人であれ、政府であれ、ベンガルで何が起きているかを知らないと言うわけにはいかない。

このような状況はどのような道徳的意味を持つのだろうか。私は以下において、ベンガルが直面しているような状況に対して比較的豊かな国に住む人々がとっている対応は正当化できないと主張するつもりである。実際のところ、我々の道徳的な問題の見方そのもの、つまり我々の道徳的な概念枠組みは変更されなければならず、また、それに伴って、我々の社会において当たり前のように考えられてきた生活様式も同様に変更されなければならないのだ。

当然ながら、この結論を支持する議論を行なう際、私は自分が道徳的に中立な立場に立っていると主張するつもりはない。しかし、私は自分の道徳的立場を支持するための議論を行なうつもりであり、それによって、本論文で明示される諸前提を受け入れる人なら誰であれ、私の結論を受け入れるようになることを願っている。

最初に、食料、住居、医療の不足による苦しみや死は悪いことだという前提を考えてみよう。人によって異なるルートでこの見解にたどり着くことはあるだろうが、ほとんどの人がこの見解に同意するものと私は考える。私はこの見解を支持する論証を行なうつもりはない。人々はありとあらゆる種類の風変わりな思想を持つことがあり、ひょっとすると、そうした思想の一部によると、餓死はそれ自体では悪いものではないということになるのかもしれない。そうした思想を論駁することは困難であり、おそらくは不可能だろう。そこで、議論を省略し、これ以降は、上記の前提が認められたものとして話を進めたい。この前提に同意しない人は、この先を読む必要はない。

次の論点はこうである。何か悪いことが生じるのを防ぐことができ、しかも、それと同じぐらい道徳的に重要な何かを犠牲にすることなくそうすることができるならば、我々は、道徳的に言って、そうするべきである。「それと同じぐらい道徳的に重要な何かを犠牲にすることなく」という文言によって私が意味しているのは、「何かそれと同じぐらい悪いことを引き起こしたり、それ自体が不正なことを行なったり、我々が防ぐことのできる悪いことと同じぐらい重要な道徳的な善を促進しなかったりすることなく」ということである。この原理は最初の前提とほぼ同じぐらい異論の余地のないものだと思われる。この原理は我々に悪いことを防ぎ、善いことを促進することを求めているだけであり、しかもこの原理が我々にそうすることを要求するのは、我々が道徳的な観点から見て何か同じぐらい重要なものを犠牲にすることなくそうすることができる場合に限られる。私の議論をベンガル危機に適用する場合に限って言えば、この原理を弱めて、次のように述べてもよい。すなわち、何か非常に悪いことが生じるのを防ぐことができ、しかも、道徳的に重要な何かを犠牲にすることなくそうすることができるならば、我々は、道徳的に言って、そうするべきである。この原理の適用例は、次のようになる。もし私が浅い池のそばを歩いて通り過ぎようとしたときに、池で子どもが溺れているのを見かけたならば、私はその池に入ってその子を助け出すべきである。これにより、私の服は泥だらけになるだろう。しかし、その子の死が非常に悪いことであると考えられるのに対して、これは取るに足らないことである。

今述べた原理は異論の余地がなさそうに見えるが、それは見かけだけにすぎない。たとえ弱いバージョンであっても、もし我々がこの原理に従って行動するならば、我々の生活、社会、そして世界は根本的に変化することになるだろう。というのは、第一に、この原理は近さや遠さを考慮に入れないからである。私が助けられるのが一〇ヤード先にいる隣人の子どもであるか、それとも一万マイル離れたところにいる名前も知らないベンガル人であるかは、道徳的にまったく重要ではないことになる。第二に、この原理は、助けるために何かをできるのは私一人であるという状況と、私と同じ立場に置かれている人が何百万人もいて私は単にそのうちの一人にすぎないという状況を区別していない。

近さや遠さを考慮に入れてはならないという主張を擁護するために、多くを語る必要はないと思われる。ある人が物理的に我々の近くにいるために、その人と個人的なつながりを持っているという事実は、我々がその人を援助する可能性を高めるだろう。しかし、だからといって、たまたまもっと遠くにいる人よりも、その人の方を援助すべきだということにはならない。もし我々が、不偏性、普遍化可能性、平等などに関する何らかの原理を受け入れるならば、ある人が我々から遠く離れたところにいる（すなわち、我々がその人から遠く離れたところにいる）からといって、それだけの理由でその人を差別することはできない。たしかに、我々から遠く離れたところにいる人を援助する場合よりも、我々の近くにいる人を援助する場合の方が、何がなされる必要があるかを判断するのが容易であるということはありうる。また、おそらくは、我々が必要だと判断した援助をより効果的に提供することができるということもありうるだろう。もしこれが事実なら、それは我々の近くにいる人々を優先的に援助する理由になるだろう。かつては、これが、インドにいる飢餓の犠牲者よりも、自分の街にいる貧しい人々について心配することを正当化する根拠となったかもしれない。しかし、自分の道徳的責任を最小限に留めておきたい人々にとっては不幸なことであるが、瞬時にコミュニケーションを取れるようになったり、迅速に物資を輸送できるようになったりしたことで、状況は一変した。道徳的な観点から言えば、世界が「グローバル・ヴィレッジ（地球村）」へと発展したことで、我々の置かれている道徳的な状況には、重大な——とはいえ未だ正しく認識されていない——変化があった。専門家の監視員や指導員が飢餓救済団体から派遣されたり、飢餓の発生しやすい地域に常駐したりしているおかげで、ベンガルの難民への援助は、我々が近所に住む人に援助をするのとほとんど同じくらい効率的に行なうことができるようになった。したがって、地理的な根拠に基づいた区別の正当性はまったくないように思われる。

私が提示した原理の第二の含意——すなわち、ベンガルの難民に関しては、私と同じ状況に置かれている人が他にも何百万といるという事実があるとしても、だからといって、私だけが何か非常に悪いことが起きるのを防ぐことができる場合と状況が大きく変わるわけではないこと——については、擁護の必要がより一層あるだろう。もちろん、先と同様に、二つの状況の間に心理的な違いがあることは認めよう。人間は、自分が何もしていない場合に、自分と似たような状況にある人たちも何もしていないことを指摘できるならば、罪悪感をあまり抱かなくなるものである。しかし、だからといって、我々の道徳的義務に本当の違いが生じるわけではない(2)。私が辺りを見回すと、私と変わらない距離のところに他の人々がいて、彼らも子どもが溺れていることには気付いているが、何もしていないということがわかったならば、溺れている子どもを池から救い出す私の義務は軽減されると考えるべきなのだろうか。このように問うだけで、人数によって義務が減るという見解の馬鹿らしさが理解されるだろう。これは何もしないためにはうってつけの言い訳である。しかし、残念ながら、貧困、人口過剰、公害といった主要な害悪の大半は、すべての人がほとんど等しく関与している問題なのだ。

人数が重要な違いをもたらすという見解は、次のように述べられた場合には、説得力を持ちうる。すなわち、もし私と同様の状況にあるすべての人がベンガル救済基金に五ポンドずつ寄付したとすれば、難民に食料、住居、医療を提供するのに十分だろう。私が私と同様の状況にある他の人々よりも多く寄付すべき理由は存在しない。したがって、私には五ポンド以上寄付する義務はない。この論証の前提はどれも真であり、論証自体も妥当であるように見える。我々はこの論証に説得されそうになるかもしれないが、この論証が条件付きの前提に基づいているのに、結論は条件付きで述べられていない点に注意する必要がある。仮に結論が「もし私と同様の状況にあるすべての人がベンガル援助基金に五ポンドずつ寄付したとすれば、私には五ポンド以上寄付する義務はないだろう」であれば、この論証は正しいものになるだろう。しかし、このように結論を述べた場合、他のすべての人々が五ポンドずつ寄付しているわけではない状況に対しては、この論証が何の関わりも持たないことは明らかであろう。もちろん、これこそが実際の状況なのだ。私と同様の状況にあるすべての人が五ポンドずつ寄付することはないということは、ほぼ確実である。だとすると、必要とされる食料、住居、医療を提供するのに十分な寄付は集まらないだろう。したがって、私が五ポンドよりも多く寄付するならば、五ポンドしか寄付しない場合よりも多くの苦しみを防ぐことになるだろう。

この議論は馬鹿げた帰結をもたらすと思われるかもしれない。現状では、ごくわずかな人々しか十分な額の寄付をしないだろうと思われる。そのため、私を含め、私と似たような状況にあるすべての人は、できるだけ多くの寄付をすべきである——つまり、最低でも、自分や自分の扶養家族に深刻な苦しみをもたらし始める地点まで寄付をすべきであるということが帰結する。ひょっとすると、この地点すら超えて、限界効用の地点まで、つまり、それ以上寄付したならば、ベンガルで防ぐ苦しみと同じだけの苦しみが自分自身や自分の扶養家族にもたらされる地点まで寄付すべきである、ということが帰結するかもしれない。しかし、もしすべての人がそうするならば、難民の救援に使える以上の寄付額が集まることになり、その犠牲の一部は不必要だったことになるだろう。したがって、すべての人が自分のなすべきことをするならば、その結果は、すべての人が自分のなすべきことをほんの少し怠った場合や、一部の人のみが自分のなすべきことを十分にした場合に比べて悪いものになるだろう。

このパラドックスが生じるのは、問題の行為、つまり、救済基金への寄付が、ほぼ同時に行なわれ、しかも、そのことを予測できないと仮定した場合に限られる。というのは、すべての人がいくらか寄付することを予測できる場合、明らかに各人は、他の人々が寄付しない場合に自分が寄付しなければならない額を寄付する義務は持たないからである。また、すべての人がほぼ同時に行為していない場合、遅れて寄付する人はあとどれだけの寄付が必要とされているのかを知ることができるし、その額を達成するのに必要な額以上の寄付をする義務は持たないだろう。こう言ったからといって、同じ状況にある人は同じ義務を持つという原則を否定するわけではない。むしろ、他の人がすでに寄付しているか、またはそうすると予測しうるという事実は、重要な状況であるということを指摘しているのだ。言い換えれば、他の多くの人が寄付していることが明らかとなった後に寄付する人は、それ以前に寄付する人と同じ状況にあるとは言えないということだ。したがって、私が提示した原理から一見して馬鹿げた帰結が生じるとすれば、それは、人々が実際の状況を誤認している場合、つまり、他の人が寄付していない状況で自分だけが寄付していると自分では思っているが、実際には他の人も寄付している状況で自分も寄付しているという場合のみである。すべての人がなすべきことをいくらか怠った場合に比べて、すべての人が本当になすべきことを行なった場合の結果がより悪くなることはありえないのだ（ただし、すべての人が自分がなすべきだと理に適った仕方で信じていることを行なった場合は、その限りではない）。

もし私のここまでの議論が正しいとすれば、予防可能な害悪と我々との間にある距離や、その害悪に関して我々と同じ状況にある他の人々の数は、その害悪を低減ないし予防する我々の義務を軽減することはないことになる。したがって、先に私が主張した原理は立証されたものとしよう。すでに述べたように、私はその原理を次の弱い形で主張できさえすればよい。すなわち、何か非常に悪いことが生じるのを防ぐことができ、しかも、道徳的に重要な何かを犠牲にすることなくそうすることができるならば、我々は、道徳的に言って、そうするべきである。

この議論によって、我々の伝統的な道徳のカテゴリーは覆されることになるだろう。義務と慈善の伝統的な線引きは不可能になるか、あるいは少なくとも、普段我々が線を引いている位置には引けなくなる。我々の社会では、ベンガル救済基金に寄付することは慈善行為と見なされる。寄付を集める団体は「慈善団体」として知られている。こうした団体の自己認識はこうである——あなたがもし我々に小切手を送ってくださるなら、我々はあなたの「気前のよさ」に感謝いたします。寄付することは慈善行為と見なされているため、寄付しないことは間違っているとは考えられていない。慈善を行なう人は賞賛されるだろうが、慈善を行なわない人は非難されない。人々は、飢餓救済に寄付する代わりに、新しい服や新しい車にお金を費やしたとしても、そのことに恥や罪の意識を抱くことはまったくない。(それどころか、寄付をするという選択肢は頭に浮かばないだろう。) このような物の見方は正当化できない。新しい服を買う理由が、体温を維持するためではなく、「身なりをよく」見せるためである場合、我々は何か重要なニーズを満たすために行為しているのではない。仮に古い服を着続けて、その分を飢餓救済に寄付したとしても、我々は何か重要なものを犠牲にしていることにはならないだろう。そうすることによって、我々は他の人が餓死するのを防ぐことになるだろう。すると、上述したことから、我々は体温を維持するのに必要なわけではない衣服にお金を費やすよりも、その分のお金を寄付に当てるべきだということになる。そうすることは慈善的なことでも気前のよいことでもない。また、それは哲学者や神学者が「超義務（supererogatory）」と呼んできた種類の行為――それを行なうことはよいことだが、行なわなくても不正とは言えない行為――でもない。むしろ、我々は寄付すべきであり、そうしないことは不正なのだ。

私が言いたいのは、慈善行為など存在しないということでもなければ、それを行なうのはよいことだが行なわなくても不正とは言えない行為など存在しないということでもない。義務と慈善の境界線をこれまでとは別のところに引くことは可能だろう。ここで私が論じているのは、現在の境界線の引き方は支持できない、ということだけである。この境界線の引き方では、「先進国」にいる大抵の人々と同じ豊かさの水準で暮らしている人が、誰か他の人が餓死しないように寄付することは、慈善行為の一つになってしまうからだ。境界線を引き直すべきか、それとも完全に無くしてしまうべきかを考察することは、今回の議論の範囲を超えている。境界線の引き方は他にもたくさんありうるだろう。例えば、他の人々をできる限り幸福にするのはよいことだが、そうしなくても不正とは言えない、と決めることもできるだろう。

我々の道徳的な概念枠組みに関して私が提案している修正は、限定的なものであるとはいえ、現在の世界における豊かさおよび飢餓の規模を考慮すれば、急進的な含意を持つだろう。こうした含意は、私がすでに考察したものとは別の、さらなる反論を招くだろう。その中から二つの反論について論じることにしよう。

　私が主張する立場に対する一つ目の反論は、私の立場は我々の道徳的枠組みの修正としてはあまりにも極端だという単純なものであろう。普通、人々は私が提案したような仕方では判断しない。大半の人は、他人の所有物を奪ってはならないという規範のような、何らかの道徳規範に違反する人に対してのみ、道徳的な非難を行なう。彼らは、飢餓救済に寄付せずに贅沢に耽る人々を非難したりはしない。しかし、私がしようとしていたのは、人々がどのように道徳的判断を下すかについて道徳的に中立な仕方で記述することではなかった。この点を考慮するならば、人々が実際にどのように判断を下すかは、私の結論の妥当性に何の関係も持たない。私の結論は私が先ほど提示した原理から帰結するのであり、その原理が退けられるか、あるいは論証に誤りがあることが示されない限り、たとえどれほど奇妙に見えたとしても、私の結論は正しいはずである。

　とはいえ、我々の社会や他のほとんどの社会では、どうして人々が私の提案した仕方とは別の仕方で判断を行なうのかについて考察することは興味深いことだろう。J・O・アームソン〔2〕は有名な論文の中で次のように述べている。義務の命法とは、我々がしなければならない行為を教えるものであり、それを行なうことはよいことだがしなくても不正とは言えない行為とは区別される。このような義務の命法は、人々が社会で共生しようとする場合に許容しえない行為を禁止する機能を果たすのである（3）。これは、義務的な行為と慈善的な行為の間にある区別の起源と、その区別が今もなお存在している理由を説明するだろう。道徳的態度は社会のニーズによって形成されるのであり、また、社会生活を可能にするための規則を遵守する人々が社会にとって必要なことは疑う余地がない。ある特定の社会の観点に立つなら、殺人や窃盗などを禁ずる規範に対する違反を防ぐのは必要不可欠なことである。しかし、社会の外にいる人々を援助することは、必要不可欠とはまったく言えないのだ。

しかし、仮にこれが義務と超義務の一般的な区別をうまく説明しているとしても、その区別を正当化するものではない。道徳的観点は、自分が所属している社会の利益を超えて考えることを我々に要求する。すでに述べたように、以前であれば、これはほとんど実践不可能なことであったが、今日では、問題なく実践可能な事柄である。道徳的観点から見れば、我々の社会の外にいる何百万もの人々が餓死するのを防ぐことは、我々の社会の中において所有権に関する規範を維持することと、少なくとも同じぐらい切迫した問題として考えなければならない。

シジウィックやアームソンを含め、何人かの論者は次のように論じている。すなわち、我々に必要な基本的な道徳規則は、普通の人間の能力をあまりに超えたものであってはならない。そうしないと、人々が道徳規則を全般的に遵守しなくなってしまうからである。大ざっぱに言えば、この議論が言っているのはこういうことである。もし我々が人々に「人を殺してはならない。また、自分にとって本当に必要でないものはすべて飢餓救済に寄付すべきである」と言うならば、彼らはそのいずれも守らないだろう。しかし、もし我々が人々に「人を殺してはならない。また、飢餓救済に寄付することはよいことだが、そうしなくても不正とは言えない」と言うならば、彼らは少なくとも殺人はしないだろう。ここで問題になっているのは、要請される行為と、要請はされないがした方がよい行為との間の境界線をどこに引けば、可能な限り最善の結果を得ることができるだろうか、ということである。これは非常に難しい問題であるとはいえ、経験的な問いであるように思われる。シジウィック＝アームソン流の議論に対する一つの反論として、その議論は道徳の基準が我々の意思決定に与える影響を十分に考慮していないと指摘することができる。ある社会では、裕福な人が収入の五％を飢餓救済に寄付すれば非常に気前のよい人物だと見なされるとしよう。このような社会では、我々はみな収入の半分を寄付すべきだという提案が極めて非現実的だと考えられたとしても、驚くにはあたらない。別の社会では、他の人が十分に必要なものを持っていない場合、誰一人として十分な量以上のものを持ってはならないという考えが流布しているとしよう。この社会では、先の提案はけちくさいものと思われるだろう。私が思うに、ある人ができることと行なう可能性のあることはいずれも、その人の周りにいる人々がしていることと彼らがその人に期待していることによって、非常に大きな影響を受けるものである。いずれにせよ、我々は飢餓救済のために今よりもずっと多くのことをなすべきだという考えを広めることによって、人々の道徳的振舞いが全般的に損なわれてしまう可能性はほとんどないように思われる。もしそうすることによって得られる見返りが、蔓延している飢餓の終結であるならば、リスクに見合うだけの価値があると言える。最後に、次のことが強調されるべきである。すなわち、ここまでの考察は、我々が他人に何を要請するべきかという問題のみに関わっているのであり、我々自身が何をなすべきかという問題とは関係がないということだ。

義務と慈善の間に引かれた現行の境界線に対する私の批判への第二の反論は、時おり功利主義に対してなされてきた反論である。ある種の功利主義的理論に従うなら、我々はみな、幸福から不幸を差し引いた額を増大させるべく、一日中働き続けなければならないことになる。私が本論文で主張している立場では、すべての状況においてこのような結論がもたらされることはない。というのは、何か悪いことが生じたとしても、我々が道徳的に同じくらい重要な何かを犠牲にすることなくそれを防げるのでない限り、私の議論は当てはまらないからだ。しかし、世界の多くの地域の現状を考慮すると、たしかに私の議論に従えば、我々はみな、道徳的に言って、飢餓やその他の災害の結果として生じる甚大な苦しみを除去すべく一日中働かなくてはならないことになる。もちろん、このような義務を軽減する事由を挙げることは可能である。例えば、もし我々が過労によって疲弊すれば、そうでない場合に比べて、我々の作業効率は下がるだろう。とはいえ、この種の事由がすべて考慮されたとしても、結論は依然として同じである。つまり、我々は道徳的に同じくらい重要な何か他のものを犠牲にせずにすむ範囲で、できる限り多くの苦しみを防ぐべきなのだ。この結論は我々にとってあまり直面したくないものだろう。しかし、私が理解に苦しむのは、なぜそのことが我々の日常的な行動基準に対する批判とは見なされないで、むしろ私の論じてきた立場に対する批判と見なされるのか、ということである。大抵の人はある程度は利己的であるため、なすべきことをすべて行なう人はほとんどいない。しかし、この事実を我々がなすべきことをすべてしなくてもよいことの証左と見なすなら、それは誠実な態度とはとても言えないだろう。

それでもなお、次のように思われるかもしれない。すなわち、私の結論は私以外のあらゆる人が現に考えていることや、これまでに考えられてきたこととあまりにもかけ離れているため、私の論証のどこかに間違いがあるに違いない、と。たしかに、私の結論は現代の西洋における道徳的基準とは異なっている。とはいえ、他の時代や他の地域であればそれほど非常識なものとは思われないだろう。その証拠として、極度に急進的な思想家とは通常は考えられていないトマス・アクィナスの文章から引用しておこう。

さて、神の摂理によって定められた自然の秩序によると、物質的な財は人間のニーズを満たすためにある。したがって、人間の定める法によって生じる財の分配と占有は、人々がそうした財を用いてニーズを満たすことを妨げるものであってはならない。同様に、ある人が何らかの財をあり余るほど持つ場合、自然の正義の問題としては、それらは貧しい人々の生存のために用いられるべきである。そこでアンブロジウスは次のように述べているが、これは『グラティアヌス教令集』にも見出される言葉である。

「あなたが食べずに隠しているパンは、腹を空かしている人たちのものである。あなたが着ずにしまっている服は、裸の人たちのものである。そして、あなたが使わずに埋蔵している金は、無一文の人たちの救済と解放に用いられるべきものである」(4)。

私は次に、ここまでの議論で得られた道徳的結論の適用の仕方に関して、哲学的というよりはむしろ実践的と言った方がよいいくつかの論点を考察したい。これらの論点で問題にされているのは、我々は飢餓を防止するためにできる限りのことをすべきだという考えではなく、大金を寄付することがこの目的を達成する最善の方法であるという考えである。

対外援助は政府の責務であり、したがって我々は民間の慈善団体に寄付すべきではない、と言われることがある。私的な寄付により、政府や、寄付をしない社会の成員が、自分の責任から逃れるのを許してしまうことになる、とも言われる。

この議論の前提には、民間の飢餓救済基金に寄付する人が増えれば増えるほど、政府がそうした援助の責任をまっとうする可能性が低くなる、という考えがあるように思われる。この前提には根拠が示されておらず、私には説得力があるようにはまったく思われない。むしろこの反対の見解の方がもっともらしい。すなわち、もし誰も自発的に寄付しなければば、国民は飢餓救済に無関心であり、援助目的での貢献を強制されることを望んでいないと政府は考えるだろう、という見解だ。いずれにせよ、寄付しないことが政府による大規模な援助の実現を手助けすることになるという確かな見込みがない限り、自発的な寄付をしない人は、寄付しないことから得られる具体的な利益を何ら指摘できないにも拘らず、一定量の苦しみを防ぐことを拒んでいることになるのだ。したがって、寄付をしないことがいかにして政府の行動を促すと言えるのかを示す責任は、寄付をしない人の側にあるのである。

もちろん私は、豊かな国々の政府は、現在行なっている真正な、紐付きでない援助の何倍もの額を出してしかるべきだという主張に疑義を呈したいわけではない。また私は、私的な寄付を行なうだけでは十分ではなく、我々は飢餓救済に対する公的および私的な貢献の両方に関してまったく新しい基準を打ち立てるために積極的に活動すべきだということにも賛成する。さらに言えば、自らが寄付するよりも活動を行なう方が重要だと考える人がいるならば、私はその人に共感するだろうが、本人が実践していないことを他人に説教してもそれほど効果的とは思われない。残念なことに、「それは政府の責任だ」という考えは、多くの人にとっては寄付をしない理由であるばかりでなく、いかなる政治行動をもたらすようにも思われない理由なのだ。

飢餓救済基金に寄付しないもう一つの、より深刻な理由がある。それは、効果的な人口抑制策がない限り、飢餓救済は単に飢餓を先延ばしするだけである、というものだ。もし我々が今ベンガル難民の命を救うならば、他の人々、つまりおそらくはそうした難民の子どもたちが、数年後に飢餓に直面するだろう。この主張を支持するために、人口爆発に関する事実や、食糧生産の増大には相対的に限界があるという事実など、今日よく知られている事柄が引き合いに出されるかもしれない。

この主張は、直前のものと同様に、将来起きるかもしれないことに関する信念を理由にして、現在生じている苦しみを減らすことに反対する議論である。この主張が直前のものと異なるのは、将来に関する信念を支持する非常によい証拠を挙げることができる点である。ここでは、その証拠を立ち入って調べるつもりはない。もし人口増加が現在の割合で続くならば、地球はいつまでも人類を支え続けることはできないということは認めよう。これはたしかに、飢餓を防ぐことを重視する人々にとっては問題である。しかし、ここでもまた我々は、飢餓を防ぐためにいかなる行動をする義務もないという結論を出すことなくこの議論を受け入れることが可能である。結論として出されるべきなのは、長い目で見れば飢餓を防ぐ最善の手段は人口抑制である、ということだ。そこで、すでに私が論じた立場からすれば、人口抑制を実現するためにできる限りのことをすべきである、という結論が導かれるだろう（ただし、いかなる形態の人口抑制もそれ自体で不正であるとか、非常に悪い帰結がもたらされるなどと主張するなら別だが）。そうすると、人口抑制に特化して活動している団体が存在するのだから、人々は飢餓を防ぐためのよりオーソドックスな手段を実施するのではなく、そうした団体を支援すべきことになるだろう。

私が右で導出した結論によって提起される第三の論点は、我々はみな実際のところどれだけ寄付すればよいのか、という問題に関係している。すでに言及したように、一つの可能性はこうである。我々は限界効用の水準に達するまで——つまり、それ以上寄付すれば、私が寄付によって軽減しようとしている苦しみと同程度の苦しみを、私自身や私の扶養家族に与えてしまうことになる水準に達するまで——寄付すべきである。もちろん、このようにすれば、その人の物的環境はベンガル難民のそれと非常に近いところまで下がることになるだろう。私が本論文の初めの方で、悪いことが生じるのを防ぐ原理として、強いバージョンと弱いバージョンを提示していたことを思い出してほしい。強いバージョンによれば、我々は、道徳的に同じくらい重要な何かを犠牲にするのでない限りは、悪いことが生じるのを防ぐことを要求される。たしかにこのバージョンでは、我々は限界効用に達するまで生活水準を下げることが求められると思われる。私にはこの強いバージョンが正しいと思われる、とも言っておくべきだろう。私はより弱いバージョンも提示していた。それによれば、我々は道徳的に重要な何かを犠牲にするのでない限りは、悪いことが生じるのを防ぐべきである。私がより弱いバージョンを提示したのは、明らかに否定できないと思われるこの原理に従う場合でさえ、我々の生き方に大きな変革が求められるということを示そうとしたからにすぎない。より弱い原理に従った場合、我々は限界効用に達するまで生活水準を下げるべきだという結論は出てこない可能性がある。なぜなら、自分や自分の家族の生活水準をそこまで下げるなら、何か非常に悪い事態を生み出すことになると考える人もいるだろうからである。私はこのような考えが正しいかどうかを議論しようとは思わない。というのは、すでに述べたように、強いバージョンではなく弱いバージョンの方を支持する十分な理由が私には思い当たらないからだ。しかし、仮に我々が弱いバージョンの原理だけを受け入れたとしても、次のことは明らかであろう。すなわち、今日の消費社会は人々が飢餓救済に寄付するのではなく、取るに足らないものにお金を費やすことによって成り立っているが、我々はその消費社会が衰退し、そして、おそらくは完全に消え去るのに十分なぐらい寄付をしなければならないだろう、ということだ。このことがそれ自体で望ましい理由はいくつかある。今日、経済成長の価値と必要性については、自然保護活動家だけでなく、経済学者によっても疑念が呈されている。(5) また、消費社会が人々の目標や目的に悪い影響を及ぼしてきたことに疑いはない。しかし、純粋に対外援助の観点から見れば、我々が経済を意図的に停滞させるべきだとしても、その程度には限度があるはずだ。というのは、仮に我々が国民総生産（GNP）の四〇％を寄付したとすると、経済が大きく停滞することになるため、絶対額で言えば、寄付をGNPの二五％に留めた場合に得られるはるかに大きなGNPからその割合を寄付した場合に比べて、我々の寄付は少なくなってしまうからだ。

私がこの問題に言及したのは、理想的な寄付額を明らかにする際にどのような要素を考慮に入れる必要があるかを示唆するためにすぎない。西洋の社会では、一般にGNPの一％を対外援助に寄付すればよいと考えられているから、これは完全に学問的な問題だと言える。また、この問題は、ごくわずかな人々しか十分な額の寄付をしていない社会において、個人がどの程度寄付をすべきなのかという問題に影響を与えるものでもない。

◇

今日ではあまり耳にしなくなったが、次のように言われることがある。すなわち、ほとんどの社会問題は事実をどう評価するかが主たる問題であるため、哲学者が公共の問題に関して果たす特別な役割は存在しない、と。その言によれば、事実がどうであるかという問題について、哲学の専門家としての哲学者は何ら特別な専門知識を持たないため、主要な社会問題に関して特定の立場を採ることなく哲学をすることが可能であったのだ。なるほど、社会政策や外交政策の中には、極めて専門的な事実評価なくしては、立場を決めたり行動したりできないと言いうる問題もたしかにある。だが、明らかに飢餓の問題はそうした問題の一つではない。苦しみの存在に関する事実に議論の余地はない。また、私の考えでは、飢餓救済のためのオーソドックスな手段や人口抑制のいずれかまたはその両方を通じて、我々がこの問題について何かをすることができるということについても疑う余地はない。したがって、これは哲学者が立場を決めることのできる問題なのだ。この問題は、自分と自分の家族を養うのに必要となるお金よりも多くを持っているか、何らかの政治行動を行なえる立場にある人々全員に突き付けられた問題である。これらのカテゴリーには、実質上、西洋諸国の大学にいるすべての哲学の教員と学生が含まれるはずだ。もし哲学が教員と学生の双方にとって重要な事柄を扱うものであるならば、これこそが哲学者たちが議論すべき問題である。

しかし、議論だけでは十分ではない。もし我々が議論によって得られた結論を真剣に受け止めないとしたら、哲学を公的な問題（および私的な問題）に結び付ける意味はどこにあるだろうか。今回の例で言えば、我々の結論を真剣に受け止めるということは、それを実践に移すということだ。哲学者であっても、自分の態度や生き方を、我々がなすべきことすべてをなすのに必要な程度まで——この点に関する私の主張が正しいとして——変革するのは、他の人々と同様に容易ではないだろう。とはいえ、少なくとも第一歩を踏み出すことはできる。その一歩を踏み出した哲学者は、消費社会から得られる利益をいくらかは犠牲にしなければならないものの、その埋め合わせとして、理論と実践が、まだ一致するところまではいかないにせよ、少なくとも重なり合い始めた生き方に満足を見出すことができるだろう。

原注

(1) 実は第三の選択肢もあった。それは、難民たちが自分の故郷に帰ることを可能にするために、インドが戦争を行なうという選択肢である。この論文の執筆後に、インドはこの選択肢を採用した。現状はもはや上述のようなものではないが、次の段落が示しているように、このことが私の議論に影響を与えることはない。

(2) しばしば哲学者たちが「義務」(obligation) という言葉を特別な意味で用いることを考慮すると、次のことを言っておくべきであろう。私はその言葉を「べきである」(ought) という言葉に由来する単なる抽象名詞としてしか使っておらず、したがって、「私には～する義務がある」(I have an obligation to) という表現は、「私は～すべきである」(I ought to) という以上のことも、それ以下のことも意味しない。この用法は *Shorter Oxford English Dictionary* によって与えられている「べきである」の定義、すなわち、「義務や責務を表現する一般動詞」という定義と一致している。私は本論文におけるこの言葉の使い方に何か重要な問題が潜んでいるとは考えていない。なぜなら、私が「義務」という言葉を用いている文はすべて、多少ぎこちなくなるものの、「義務」という言葉を「べきである」という言葉を含む節で置き換えた文として書き直すことができるからである。

(3) J. O. Urmson, "Saints and Heroes," in *Essays in Moral Philosophy*, ed. Abraham I. Melden (Seattle: University of Washington Press, 1958), 214. これと関連しているが大きく異なる見解

については、次も参照。Henry Sidgwick, *The Methods of Ethics*, 7th ed.（London: Dover Press, 1907）, 220–21, 492–93.

（4） *Summa Theologica*, II-II, Question 66, Article 7, in *Aquinas, Selected Political Writings*, ed. A. P. d'Entrèves, trans. J. G. Dawson（Oxford: Basil Blackwell, 1948）, 171.〔この箇所については邦訳（トマス・アクィナス『神学大全』第18冊、稲垣良典訳、創文社、一九八五年、二二二～三頁）を参考にした。〕

（5） 例えば、John Kenneth Galbraith, *The New Industrial State*（Boston: Houghton Mifflin, 1967）〔邦訳：ジョン・K・ガルブレイス『新しい産業国家』斎藤精一郎訳、講談社学術文庫、一九八四年〕や E. J. Mishan, *The Costs of Economic Growth*（New York: Praeger, 1967）を参照。

訳注

〔1〕 インド洋に発生する熱帯低気圧。上陸すると暴風や高波による被害をもたらす。

〔2〕 オックスフォード大学の哲学者（一九一五～二〇一二）。

世界の貧困に対するシンガー流の解決策

初出：一九九九年九月五日、ニューヨーク・タイムズ紙日曜版別冊〔1〕

「一九四〇年、無神論者で自由恋愛の唱導者であるバートランド・ラッセルをニューヨーク市立大学が教授に迎えようとしたとき以来、大学の人事によってこれほどの騒ぎが起きたことはなかった。」

これはニューヨーク・タイムズ紙が、一九九九年に私がオーストラリアからアメリカに移ってきたときに報じた内容である。(1) プリンストン大学の理事であるスティーブ・フォーブズ（当時彼は、共和党の大統領候補の一人だった）の支持を受けていた反中絶団体や過激派の障害者団体の連合が、私の教授就任の取り消しを要求したのである。大学が学問の自由の原則を貫いたため、抗議活動が唯一達成したことと言えば、私の著作に対する関心を高めることだけであった。ニューヨーク・タイムズ紙の日曜版への寄稿を依頼されたことは、非常に多くの一般読者向けに「飢えと豊かさと道徳」を書き直すためのよい機会となった。新しい論稿には、読者がユニセフやオックスファム・アメリカに寄付の電話をかけられるように、フリーダイヤルの番号が記されていた。ユニセフやオックスファムがその後教えてくれたところでは、その論稿が掲載されてから一カ月の間に、これらの電話番号を通じて通常よりも六〇万ドルも多い寄付が集まったそうだ。オックスファムのスタッフが教えてくれた情報によれば、数年後、一人の女性がオックスファムの事務所にやってきて、ハンドバッグからしわくちゃになった私の新聞記事を取り出し、寄付の申し出をしたそうだ。その後、彼女は大口の寄付者となった。

◇

『セントラル・ステーション』というブラジル映画に、ドーラという女性が登場する。彼女はかつて学校の先生であったが、退職後は駅に座って、読み書きのできない人々のために手紙の代筆業をして生計を立てていた。そんな彼女に突然、一〇〇〇ドルのお金を得る機会が現れた。そのために彼女がしなくてはならないのは、九歳のホームレスの少年を説得して、教えられた住所まで少年を連れて行くことだけだった。（彼女は、その少年はお金持ちの外国人の養子になると聞いていた。）彼女はその少年を連れて行き、お金を受け取り、そのお金の一部でテレビを購入し、のんびりと新しく得たテレビを満喫していた。しかし、彼女の隣人がその楽しみを台無しにする。というのは、彼女はその隣人から、少年は養子にもらわれるには年が行き過ぎているため、臓器を移植用に売るために殺されることになったと聞かされたからだ。おそらくドーラはそうなることに最初から気付いていたのかもしれないが、隣人がはっきりと彼女に伝えたことにより、夜通し悩むことになった。翌朝、ドーラは、少年を取り返す決心をする。

仮にドーラが隣人にこう返事をしていたとしたら、どうだろうか。「この世は厳しい世界でしょう。それに、他の人も新型の高級なテレビを持っているし、その少年を売り飛ばすことが私がテレビを手に入れる唯一の方法だとしたら……。何と言っても、その少年はただのホームレスにすぎないのよ」と。もしこのような返事をしていたとしたら、映画を見ている人には、彼女が怪物に見えたことだろう。彼女は、少年を取り戻すためにかなりのリスクを背負う覚悟を示したことによって初めて、自身の名誉を挽回できたと言える。

世界中の豊かな国々の映画館では、この映画が終わると、ドーラが少年を助けに行かなければすぐに非難していたであろう人々が家へと帰って行くが、彼らの家はドーラが住んでいたアパートよりもずっと快適なものである。実際、米国の平均的な家族の収入のほぼ三分の一は、ドーラにとって新しいテレビが必要なかったのと同じくらい不必要なものを買うために用いられている。高級レストランで食事をしたり、古い服がもうはやらないからという理由で新しい服を買ったり、ビーチリゾートで休暇を過ごしたりして、我々は収入の相当な額を生活や健康の維持のために必要ではないことに用いている。もしそのお金を数多くある慈善団体のうちの一つに寄付すれば、貧困に苦しむ子どもたちにとって、そのお金は生きるか死ぬかの違いをもたらしうるのだ。

◇

上記のことによって提起される問いはこうである。つまるところ、臓器の密売人にホームレスの子どもを売るブラジル人と、すでに持っているテレビをよりよいものに買い換えるアメリカ人――それも、そのお金を慈善団体に寄付すれば貧困に苦しむ子どもたちの命を救うことができると知りつつそうするアメリカ人――との間にある倫理的な違いは何なのだろうか。

もちろん、これら二つの状況の間にあるいくつかの違いは、その二つの状況に対して異なる道徳判断を下すことを支持するかもしれない。一つには、自分のまさに目の前にいる子どもを死に追いやるためには、ぞっとするほどの残忍さが必要であるが、それに比べると、決して直接会うことのない子どもを助けるための募金を拒むことはずっと容易だということがある。しかし、私のような功利主義者――すなわち、行為が正しいか正しくないかをその帰結によって判断する者――にとっては、そのアメリカ人が慈善団体に寄付しないことの結果として、ブラジルの都市の路上で子どもが一人亡くなるのであれば、寄付をしないことは、ある意味では、臓器の密売人にその子どもを売るのとまったく同じくらい悪いことだと言える。だが、私の功利主義的倫理学を支持しない人であっても、ドーラが臓器の密売人に子どもを売り渡したことをごく当然のように非難しながらも、それと同時に、アメリカ人の消費行動が深刻な道徳的問題を生み出しているとは考えないとしたら、そこには一貫性に問題のあることが少なくともわかるはずである。

ニューヨーク大学の哲学者ピーター・アンガーは、一九九六年の著書『贅沢に生きて、人々を死なせる（Living High and Letting Die）』において、一連の巧妙な架空の事例を提示している。それによって彼は、飢えや栄養失調に苦しむ人々や下痢のような容易に治療可能な病気によって死に瀕している人々を助けるために相当な額を寄付することなく、豊かな暮らしをすることは間違ったことなのかという問題に関して、私たちの直観を明らかにしようとしている。以下は、アンガーの提示した事例の一つを私の言葉で書き直したものである。

ボブはまもなく定年を迎える。彼は、ブガッティという非常に珍しく高価なクラシックカーに自分の貯金の大半をつぎ込んだが、その車に保険をかけることは済んでいない。ブガッティは彼の自慢の種である。この車を運転し、きれいにすることによって得られる快楽に加えて、ボブは、この車の市場価値が上がっているためこの車をいつでも売って引退後も快適に暮らせることを知っている。ある日ボブがドライブに出かけたとき、彼はブガッティをもう使用されていない鉄道の側線の終端近くに停めて、線路に沿って散歩した。

そうしていると、誰も乗っていない暴走列車が線路の向こうからやってくるのに気付いた。線路のずっと先を見ると、線路の上で夢中になって遊んでいるように見える子どもの小さな姿が目に入った。その子どもは暴走列車に気付いておらず、大きな危険が迫っている。ボブには列車を止めることはできず、また子どもはずっと遠くにいるため、大声で叫んで危険を知らせることもできない。しかし、彼は切り替えスイッチを入れることにより、列車を彼のブガッティが停車している側線に導き入れることができる。そうすれば誰も死ぬことはない——だが、列車は彼のブガッティを破壊するであろう。ボブは彼の車を所有する喜びと、その車によって得られる財政的保障のことを考え、切り替えスイッチを入れないことにした。その子どもは死ぬ。その後長年にわたり、ボブはブガッティの所有と、それによって得られる財政的保障を享受した。

　ボブのしたことは甚だしく間違っていると、我々の大半はすぐに判断するだろう。アンガーもその判断に同意する。しかし、次に彼が指摘するのは、我々もまた、子どもの命を救う機会を持っているということだ。我々はユニセフやオックスファム・アメリカのような団体に寄付することができる。これらの団体にどれぐらい寄付をすれば、予防の容易な病気によって命が脅かされている子ども一人を高い確率で救うことができるのだろうか。

（私は、大人よりも子どもの命を助ける価値の方が大きいと考えているわけではない。とはいえ、子どもの場合、彼らが貧困状態を自らもたらしたと主張する人は誰もいないであろうから、子どもに絞って論じた方が問題を単純化できる。）アンガーは専門家たちに電話で尋ね、その情報をもとに、資金調達の費用や事務局運営費や、援助を最も必要としている地域に物資を届けるための費用を含めた、もっともらしい見積もりを提示した。彼の試算によると、二〇〇ドルを寄付すれば、病気に苦しむ二歳児が健康な六歳児へと成長することを支援できる――つまり、幼児期の最も危険な数年間を無事に切り抜けるための安全な航路を提供できるだろう。アンガーはさらに進んで、哲学的議論がいかに実践的でありうるかを示すために、我々はクレジットカードを使ったり、以下のフリーダイヤルのいずれかに電話をかけたりすれば簡単に寄付ができる、と読者に語りかけている。

ユニセフ：（800）367-5437

オックスファム・アメリカ：（800）693-2687〔2〕

さて、いまやあなたも、子どもの命を救うために必要な情報を手にしている。あなたが何もしないとしたら、自分のことをどう判断すべきだろうか。ボブと彼の愛車ブガッティの例について、もう一度考えてみてほしい。ドーラの場合とは異なり、ボブは、自らの物質的な快適さのために犠牲となる子どもと目を合わせる必要がなかった。その子どもはボブにとっては赤の他人であり、かなり離れたところにいるため、親密で個人的な関わりがあるわけではない。またドーラの場合とは異なり、子どもを欺いたり、子どもが危険な目にあうきっかけを作り出したりしたわけでもない。これらすべての点において、ボブの状況は、海外援助のための寄付をできるのにそうしない人々の状況に似ており、ドーラの状況とは異なっている。

それでもあなたが、「スイッチを切り替えれば列車の進路が変わって子どもの命が助かったのに、ボブがそうしなかったのは甚だしく間違っていた」と考えるのであれば、あなたが上で示した団体のいずれかに寄付しないのも甚だしく間違っているということを否定するのは難しい。つまり、これら二つの状況の間に何か私が見落としている道徳的に重要な違いがない限り、二つの状況で異なる判断をすることは難しい。

私が見落としているのは、援助を必要とする人に本当に物資が届いているのかに関して、実践上の不確実性が存在するということだろうか。海外援助について詳しい人なら誰でも、そのような不確実性が存在することを認めるだろう。しかし、一人の子どもを救うのに二〇〇ドルかかるというアンガーの試算は、寄付されたお金が援助の対象となる人々へ実際に届く割合について、控えめな見積もりを行なったうえで得られた金額なのだ[3]。

ボブと、海外援助団体に寄付するだけの経済的余裕があるのに援助をしない人の間にある一つの真正な違いは、ボブの場合は彼だけが線路にいる子どもを救うことができるが、海外援助団体に二〇〇ドルを寄付できる人は何億人もいるという点である。問題は、そのうちのほとんどの人が寄付をしていないということだ。この事実により、あなたも援助をしなくてよいことになるだろうか。

そこで、極めて貴重なビンテージ・カーを所有している人が、他にも多くいる場合を考えてみよう。すなわち、キャロル、デイブ、エマ、フレッドから、ジギーに至るまでの人々は、ボブとまったく同じ状況にあり、彼らの場合にも側線とスイッチがあったが、彼らはみな、大切な車を守るために子どもを犠牲にした。この事実により、ボブが同じことをしてもよいことになるだろうか。この問いにその通りだと答える人は、「群衆がやることに従うべし」という倫理を支持することになる。この種の倫理は、ナチスによる残虐行為が行なわれていたときに、多くのドイツ人たちが見て見ぬふりをする原因となったものである。我々は、他の人々も同様の行為をしていたからといって、彼らを許したりはしない。

ボブの状況と、この論説記事の読者のうち、海外援助団体に二〇〇ドルを寄付できる余裕があるのにそうしない人たちの状況との間に、明確な道徳的境界線を引くための健全な根拠はないように思われる。こうした読者たちは、何も知らずに遊んでいる子どもに暴走列車が突進していくのを黙認することにしたボブと、少なくとも同じくらい悪い行為をしているように思われる。このような結論を受け、多くの読者たちは電話を手に取って二〇〇ドルを寄付してくれるものと私は信じている。おそらく、先に寄付を済ませてからこの文章を読み進めるべきだろう。

◇

さて、あなたは寄付をしたことで、子どもの命よりもビンテージ・カーを優先する人々とは道徳的に異なることを明らかにしたのだから、そのごほうびとして恋人とお気に入りのレストランで夕食でもとってはどうだろうか。しかしちょっと待ってほしい。そのレストランで使うお金も、海の向こうの子どもたちの命を救うのに役立てることができるのだ！　たしかに、あなたは一晩で二〇〇ドルを使い切ろうと考えていたわけではない。だが、もしひと月だけでも外食を控える気があれば、そのぐらいのお金は簡単に貯めることができるだろう。実際のところ、一人の子どもの命と比べた場合、ひと月の間に何度か外食することにどれぐらい価値があるだろうか。ここに難問がある。世界には極度の貧困状態にある子どもが大勢いるため、あと二〇〇ドル寄付することで助けられる子どもが常に存在するのだ。そうすると、あなたは一文無しになるまで寄付し続けるべきなのだろうか。あなたはどこかで寄付を止めることができるのだろうか。

仮想的な事例は、容易にばかげたものになりうる。ボブの事例を考えてみよう。ボブはブガッティを失うことに加えて、さらにどれだけの犠牲を払う必要があるだろうか。ボブの足が側線の線路に挟まってしまったと仮定してみてほしい。ボブが列車の進行方向を変えた場合、列車は彼の車と衝突する前に、彼の足の親指も切断してしまうとする。それでも彼はスイッチを切り替えるべきだろうか。もし彼の足先を切断してしまうとしたらどうだろうか。彼の脚をまるごと切断してしまうとしたらどうだろうか。

こうして極端まで突き詰めていくと、ブガッティの事例はばかげたものになる。とはいえ、この事例が提起する論点は深刻なものである。すなわち、大半の人にとって、ボブがスイッチを切り替えないと決めたとしても何ら間違ったことをしていないと言ってもかまわないと思われるのは、ボブの払う犠牲が極めて深刻なレベルになった場合に限られる、ということだ。もちろん、大半の人の意見が間違っていることもありうる。我々は世論調査によって道徳的問題を解決することはできない。しかし、あなたならどのぐらいのレベルの犠牲をボブに要求するかを自問してみてほしい。そして次に、そのレベルにほぼ等しいだけの犠牲を払うとしたら、あなたはどれだけのお金を寄付しなければならないのかを考えてみてほしい。その額は、ほぼ間違いなく、二〇〇ドルよりはるかに多いだろう。ほとんどの中流階級のアメリカ人にとっては、おそらくその額は、二〇万ドルぐらいであってもおかしくないだろう。

そんなに多くの寄付を人々に求めたら、逆効果にならないだろうか。つまり、「そのような道徳は聖者にはふさわしいが、自分たちのものではない」と多くの人が肩をすくめて言うリスクがあるのではないだろうか。たしかに、近い将来、あるいは中期的な将来においてさえ、裕福なアメリカ人が自分の財産の大半を見知らぬ人に寄付するのが標準的になった世界が到来する可能性は低いだろうということは、私も認める。人々の行ないを賞賛したり非難したりする場合、私たちは、標準的な行動に関する何らかの見解と関連付けられた基準を用いる傾向にある。快適な生活を送っているアメリカ人で、例えば収入の一〇%を海外援助団体に寄付している人々は、同じぐらい快適な生活をしている他の人々の大半に比べてずっと多くの寄付をしていると言える。そのため、彼らがもっと多く寄付しないからといって、私はわざわざ彼らを責めたりはしない。とはいえ、彼らはもっと多く寄付すべきであり、また彼らは、ボブがブガッティを失うというずっと大きな犠牲を払わなかったことについて、彼を非難できる立場ではないのだ。

　この点に関しては様々な反論がありうるだろう。ある人は次のように言うかもしれない。「仮に豊かな国で暮らす市民の全員が自分のなすべき貢献をしたならば、私はそれほどまでに大きな犠牲を払わずにすむだろう。なぜなら、私がそのようなレベルの犠牲を払うまでもなく、食糧や医療の不足によって死にかけている子どもたち全員の命を救うだけの資源が集まると考えられるからだ。だとすれば、なぜ私が、公平な負担分以上の寄付をしなければならないのか」と。これと関連した別の反論として、政府は開発援助に対する予算配分を増やすべきであり、そうすれば納税者全員の間でより公平に負担を分けあうことになるだろう、というものがある。

だが、我々はどれだけ寄付をすればよいのかという問いは、現実の世界において判断しなければならない問題である――そして、残念なことに現実の世界では、大半の人々は十分な額のお金を海外援助団体に寄付しておらず、また近い将来においてもそうすることはないだろうということを我々は知っているのである。我々はまた、米国政府がGNPの〇・七％の対外援助という、国連推奨のかなり控えめな目標にさえ、少なくとも来年中に到達する可能性はないだろうということも知っている。現時点では、それを大きく下回る〇・〇九％である。これは日本の〇・二二％の半分にも達しておらず、デンマークの〇・九七％の一〇分の一にも満たない[4]。したがって、我々が理論上の「公平な負担」以上に寄付をすれば、そうしなければ失われるであろう命をより多く救うことができるということを我々は知っている。たしかに、誰も公平な負担以上に寄付をする必要はないという発想は強力なものである。しかし、たとえ我々が、他の人は公平な負担を行なっていないことを知っており、また我々が公平な負担以上のことをしない限り、子どもたちが回避可能な死を迎えることになることを知っている場合でも、この発想を優先させるべきだろうか。それではあまりにも公平性を重視しすぎることになるだろう。

というわけで、我々が寄付すべき額に上限を課すためのこの根拠もまた不十分である。

私の考えでは、現在の世界において、自分にとって本当に必要である以上の財産を有する人々はみな、その富の大半を、命に危険が及ぶぐらい深刻な貧困に苦しむ人々を救うために寄付すべきだという結論から逃れる術はない。そう、私が言っているのは、あなたはその新しい車を買うべきではないし、その豪華客船に乗るべきでもないし、家を改装するべきでも、その高価な新しいスーツを買うべきでもないということだ。何と言っても、一〇〇〇ドルのスーツを買うお金で、子ども五人の命を救うことができるのだから。

それでは、私の哲学に従った場合、具体的にどのくらい寄付しなければならないのだろうか。非営利の経済調査機関である全米産業審議会によれば、アメリカにおける年収五万ドルの世帯が必需品に対して費やす金額は年間約三万ドルである。したがって、年収五万ドルの世帯であれば、世界中の貧しい人を支援するための寄付額は、できる限り二万ドルを目指すべきである。必需品にかかる三万ドルは、収入がもっと多い場合でも同じである。そこで、一〇万ドルの収入がある世帯は、寄付のために毎年七万ドルの小切手を切らねばならない。繰り返しになるが、計算の仕方は簡単である。あなたが必需品ではなくぜいたく品を買うために使っているお金は、すべて寄付すべきなのだ。

ところで、進化心理学者たちによれば、多くの人々が見知らぬ人に対してそれほどの犠牲を払うことはありそうにないことである。というのは、人間の本性はそこまで利他的なものではないからだ。たしかに、人間本性の事実としては、彼らの言うことは正しいかもしれない。だが、これらの事実から道徳的な結論を導き出すのは誤りだろう。もし我々のなすべき事柄が、おそらく我々の大半は実際には行なわないものであるということが事実だとしても、我々はこの事実に正面から向き合おうではないか。そこで、もし我々が高級レストランに行くことよりも一人の子どもの命の方に価値を置くならば、我々が次に外食に行くときには、その食事代でもっとよいことをなしえたということを知るだろう。もしこのことによって、道徳的に品位ある生活を送ることが極端に達成困難なものになるとしても、残念ながら、それがまさに現実なのだ。もし我々が正しいことをしないならば、我々は道徳的に品位ある生活を送っていないということを少なくとも知っておくべきである。それは、罪悪感に浸ることがよいからではなく、我々がどの方向に向かうべきかを知ることが、その方向に進むための第一歩となるからだ。

線路のスイッチの傍に立っていたボブは、自分が直面しているジレンマを理解したとき、「罪のない子どもの命を救うか、自分の貯蓄の大半を犠牲にするかという選択をしなければならない状況に陥るとは、私はなんという桁外れの不運に見舞われたことか」と思ったに違いない。だが彼は少しも不運ではなかった。我々はみな同じ状況にあるのだから。

原注

（1） Sylvia Nasar, "Princeton's New Philosopher Draws a Stir"〔「プリンストン大学の新しい哲学者が騒動を引き起こす」〕, *New York Times*, April 10, 1999.

訳注

〔1〕 原書では「億万長者はどれだけ寄付をするべきか」と同じ二〇〇六年一二月一七日と記載されているが、誤植と判断して訂正した。http://www.nytimes.com/1999/09/05/magazine/the-singer-solution-to-world-poverty.html

〔2〕 日本ユニセフ協会（http://www.unicef.or.jp）のフリーダイヤルは0120-88-1052（平日九時〜一八時）。クレジットカード決済やコンビニ振込みなどでも寄付できる。また、オックスファム・ジャパン（http://oxfam.jp）には、クレジットカード決済や銀行振込みなどで寄付ができる。

〔3〕 このアンガーの試算についてシンガーが後に意見を変えていることについては、本書の「はじめに」（xv〜xvii頁）を参照のこと。

〔4〕 二〇一六年のデータでは、米国のODA実績は対GNI比で〇・一九％、日本は〇・二〇％、

デンマークは〇・七五％である。以下の外務省のサイトを参照。http://www.mofa.go.jp/mofaj/gaiko/oda/about/yosan/page22_000871.html（二〇一八年五月二七日最終アクセス）

億万長者はどれだけ寄付をするべきか――そしてあなたは？

初出：二〇〇六年一二月一七日、ニューヨーク・タイムズ紙日曜版別冊

二〇〇六年に報道された二つの主要なニュースは、億万長者の慈善活動に関するものだった。まずビル・ゲイツが、マイクロソフト社の経営役としての仕事を徐々に減らし、ビル&メリンダ・ゲイツ財団での仕事により多くの時間を割くと発表した。ゲイツ財団は、ビルとメリンダからの寄付のおかげで、当時すでに群を抜いた世界最大の慈善財団であった。次にウォーレン・バフェットが、四四〇億ドルにも上る彼の資産の大半を寄付する予定だと発表した。そのうちの三一〇億ドルは、ゲイツ財団への寄付に当てられるとのこと

だった。ニューヨーク・タイムズ紙日曜版別冊の編集者のイレーナ・シルバーマンから私に来た執筆依頼には、大富豪の個人によるこうした巨額の寄付によって生じるいくつかの倫理的問題について書いてほしいとあった。私は引き受けることにしたが、億万長者たちは何をすべきなのかということに論稿の射程を限定したくはなかった。それが掲載されたのは、ちょうど、アメリカで寄付をする者の大半が、一二月三一日に課税年度が終わる前に、慈善目的での寄付について最終決定をしようとしている頃だった。

◇

人の命にはどれだけの価値があるだろうか。人の命に値札をつけたいとは誰も思わないだろう。しかし、どうしてもそうしなければならないとしたら、我々の大半は、人の命の価値は何百万ドルにもなるということに同意するだろう。もし我々が、我々の民主主義の根幹や、人間に内在する尊厳に関して盛んに公言される信念との整合性を保とうとするなら、人はみな生まれながらにして平等であり、少なくとも、性、民族、国籍、居住地の違いによって人の命の価値が変わることはない、ということにもまた同意するだろう。

クリスマスも近くなり、米国にいる人々が各人お気に入りの慈善団体に宛てた小切手を書く頃なので、これらの二つの信念――人の命は、仮に値段がつけられるとしたら、何百万ドルにもなるという信念と、私が言及したような要因によって人の命の価値は変わらないという信念――が、我々の行動と一致しているかを考えるにはよい時期と言える。ひょっとすると今年は、そのような問いが例年よりも頻繁に家族での話し合いの底流にあったかもしれない。なぜなら今年は、慈善事業、とりわけ世界規模の貧困に取り組む慈善事業にとっては、並外れた一年だったからだ。

ビル・ゲイツはマイクロソフト社の設立者であるが、人の命はみな平等な価値を持つという理想が現実と一致していないことを彼が感じ始めたのは数年前のことだった。彼は、発展途上国における病気についての記事を読んでいて、子どもに重篤な下痢症状を引き起こす最も一般的な原因であるロタウイルスによって毎年五〇万人もの子どもが亡くなっているという統計を目にした。彼はそれまでロタウイルスのことを知らなかった。彼はこう自問した。「どうして私は今まで、毎年五〇万人もの子どもの命を奪う事柄について、一度も聞いたことがなかったのだろう」。さらに彼は、米国では根絶されたかほぼ完全に根絶された病気によって、発展途上国では何百万もの子どもたちが死んでいることを知った。

このことは彼にとって衝撃だった。なぜなら、もし人命を救うことのできるワクチンや治療法があるのなら、政府はあらゆる手段を尽くしてそれを必要とする人々に届けるものとばかり彼は思っていたからだ。ゲイツが昨年ジュネーブで行なわれた世界保健総会の会合で述べたように、彼と妻のメリンダは、「今日の我々の世界においてさえ、助ける価値のある人命と、そうでない人命があるという残酷な結論から逃れることができなかった」。彼らは「こんなことがあるはずがない」と思った。しかし、それが現実であることが彼らにはわかっていた。

世界保健総会でのゲイツの演説は、「人々が、発展途上国における一人の子どもの死は、先進国における一人の子どもの死とまったく同じくらい悲劇的であるということをようやく受け入れるようになる」これからの一〇年を楽しみにしているという、楽観的な言葉で締めくくられた。すべての人命は等しい価値を持つというその信念はビル&メリンダ・ゲイツ財団のウェブサイトにもはっきりと掲げられており、「我々の価値観」という見出しのところに、「すべての人命は――どこで暮らす人であろうとも――等しい価値を持つ」とある。

我々はこのような信念に従って行為しているとはとても言えない状況にある。この世界には、過去に前例がないぐらい豊かな暮らしを享受している人々が一〇億人以上いる一方で、購買力平価換算で一日一ドル足らずのお金で必死に生きている人々が約一〇億人いる。世界で最も貧しい人々のほとんどは栄養失調であり、安全な飲み水を入手することや最も基本的な保健サービスを受けることさえできず、また子どもを学校に通わせることもできない。ユニセフによれば、毎年一〇〇〇万人以上の子どもが——つまり一日に約三万人の子どもが——貧困に関連した回避可能な原因によって死んでいる。

今年の六月には、投資家のウォーレン・バフェットがこのような死亡数の削減に向けて重大な一歩を踏み出した。彼は、ゲイツ財団に三一〇億ドルの寄付を、また、他の慈善目的の財団にも六〇億ドルの寄付を行なうと公約したのだ。ビルとメリンダ・ゲイツが自身の財団に約三〇〇億ドル寄付したことと相俟って、このバフェットの公約により、二一世紀最初の一〇年は新たな「慈善事業の黄金時代」であるということがはっきりした。インフレを考慮したうえで比較するなら、バフェットは、過去の偉大な慈善活動家であるアンドリュー・カーネギーとジョン・D・ロックフェラーの二人が生涯に寄付した額の合計の二倍以上を寄付すると公約したことになる。ビルとメリンダ・ゲイツの寄付額もそれほど変わらないものと言える。

ゲイツとバフェットの寄付は今後、主として発展途上国における貧困、疾病、早逝を削減するために活用されるだろう。世界保健医療研究フォーラムによれば、世界中の保健医療研究費のうち、世界の疾病負担[1]の原因の九割を占める疾患との戦いに用いられているのは、その一割に満たない。以前は、貧しい人々のみが罹患する疾病は、貧しい人々は薬を買えないため、製薬会社の商業的な関心の対象にはならなかった。ゲイツ財団の多大な支援を受けている「ワクチンと予防接種のための世界同盟（Global Alliance for Vaccines and Immunization, GAVI）」は、このような状況を変えるために、開発が成功すればマラリアのような疾病を予防できるワクチンを数百万回分購入することを約束している。ＧＡＶＩはまた、発展途上国の支援も行ない、より多くの人々が既存のワクチンを用いて予防接種を受けられるように協力してきた。そのおかげで、これまでに九九〇万人の子どもたちが予防接種を受けることができた。これによってＧＡＶＩは、これまでに一七〇〇万人近くの人々の死を予防できたと主張している。

慈善活動がこれほど大規模になると、多くの倫理的な問いが生じる。なぜこれらの人々は、これほどの寄付をするのだろうか。それによって何かよい結果が生まれているのだろうか。我々は、彼らが非常に多くの寄付を行なっていることを称賛すべきなのか、それとも、彼らがさらに多くの寄付を行なっていないことを非難すべきなのだろうか。このような重大な決定が幾人かの非常に裕福な個人によって行なわれるのは困ったことなのだろうか。そして、彼らに対する我々の評価は、我々自身の生活の仕方にどのように跳ね返ってくるだろうか。

動機についての問いから始めよう。競争者を押し退け、労働者たちをクビにし、工場を閉鎖するなど、富を得るのに必要なら何でも冷酷に行なう大金持ちたちは、きっと眠れぬ夜に苦しんでいるに違いない——と、彼らほどお金を持たない我々の一部はそう考えたがる。裕福な人々がお金を寄付する場合、いつだって我々は、彼らがそうするのは良心の痛みを和らげたりよい評判を得ようとしたりしているからだと言うことができる。ビル・ゲイツが慈善事業へと転向したのは、米国とEUで生じたマイクロソフト社の反トラスト法違反の問題があったからだという指摘がなされたことがある——例えばフォーチュン誌の編集主任のデヴィット・カークパトリックの指摘がそうだ。はたしてゲイツは、意識的にであれ無意識的にであれ、彼自身のイメージや彼の会社のイメージを改善しようとしていたのだろうか。

この種の中傷は、非難を受ける者よりも非難を行なう者について多くを物語っている。

企業の宣伝や新製品の開発に資金を使う代わりに巨額の寄付を行なうというのは、個人の資産を増やすための賢い戦略とは言えない。ある人が他人を助けるために多くのお金や時間を使ったという話を読むと、我々は自分の行状について考えざるをえなくなる。我々は、我々なりの慎ましい仕方で、彼らの例に倣うべきなのだろうか。ところが、もし大金持ちたちが寄付をするのは、単に彼らのイメージを改善させたり、過去の悪事――これは、当然ながら、我々がこれまでに犯したことのある悪事とは到底比べものにならないほど巨大なものである――を償ったりするためのものだとしたら、我々にとって好都合なことに、彼らがしていることは我々がなすべきこととは何の関係もないのだ。

一七世紀英国の哲学者トマス・ホッブズは、我々はみな自分の利益のために行為していると論じた人物であるが、彼については有名な逸話がある。ある聖職者が、ホッブズが乞食に施しを与えるのを見かけた。そこで彼はホッブズに対して、たとえキリストが我々に施しを行なうことを命じていなかったとしても、あなたはそれをしただろうかと尋ねた。ホッブズは、そうしただろうと答えた。彼にはその老人の悲惨な状況を見るのが苦痛であったため、施しをすることでその老人の悲惨な状況をいくらか緩和することによって、ホッブズ自身の苦痛をも和らげた、というわけだ。この返答は、ホッブズの慈善行為と、人間の動機付けに関する彼の利己的な理論を調停しはするものの、それによって利己主義に特有の主張の多くが失われていると言える。赤の他人が苦しんでいるのを見て自分も苦しむような利己主義者は、利他主義者たちと同じくらい慈善を行なうことができるからだ。

一八世紀ドイツの哲学者イマヌエル・カントに従う人々は、これに反対するだろう。彼らによれば、行為が道徳的価値を持つのはそれが義務の感覚からなされる場合に限られる。単にあなたがそう行為するのが楽しいからだとか、その行為の結果を見るのが楽しいからといった理由で何かを行なっても、そこにはいかなる道徳的価値もない、と彼らは言う。なぜなら、もしあなたがそう行為するのを楽しまない場合はそれをしないであろうし、また、あなたは義務の要求に従うことに対しては責任を持つけれども、自分の好きなことや嫌いなことに対しては責任を持たないからだ。

おそらく、一部の慈善活動家は、義務の感覚によって動機付けられている。すべての人命は等しい価値を持つという考え以外に、ゲイツ財団の仕事の中心にはもう一つの「単純な価値」がある。それは、財団のウェブサイトによれば、「多くのものを与えられた者に対しては、多くのことが期待される」という考えだ。それが示しているのは、巨万の富を持つ人々はそれを自分の利益よりも大きな目的のために使う義務があるという見方である。

しかし、動機に関するこうした疑問は、我々がゲイツやバフェットの性格を評価する際には重要かもしれないが、ゲイツやバフェットの行為が持つ影響を考える際には重要性を失う。ロタウイルスで子どもが死んでしまうかもしれない親たちにとって関心があるのは、子どもの命を救うために援助を受けることであり、そのような援助を可能にする人々の動機付けはそれほど重要ではない。

興味深いのは、ゲイツもバフェットも、現世における自らの善い行ないのおかげで天国で報われるという可能性によって動機付けられているとは思われないことだ。ゲイツはタイム誌のインタビュアーに、教会に行くよりも「もっとたくさんのことを、私は日曜の朝にすることができる」と語った。この二人に加え、自由思想で有名なアンドリュー・カーネギーを合わせると、米国で最も偉大な慈善活動家の四人のうち三人が、無神論者か不可知論者であったことになる（その例外はジョン・D・ロックフェラーである）。人口の九六％が自分は神を信じていると答える国において、これは驚くべき事実である。これはつまり、おそらくゲイツとバフェットが行なう慈善活動は、ある意味では、マザー・テレサのような人の場合に比べて利己的ではないということだ。彼女は敬虔なローマ・カトリック信者として死後の報いと罰を信じていたからだ。

動機に関する問いよりも重要なのは、大金持ちには寄付する義務があるのかという問いと、もしあるとしたら、彼らはどれだけ寄付すべきなのかという問いである。数年前、私がタクシーでワシントンにある米州開発銀行に向かっていたとき、アフリカ系アメリカ人のタクシー運転手は、私がその銀行で働いているのかと尋ねた。私は彼に、そうではないが、開発と援助に関する会議があり、そこで講演をする予定だと答えた。すると彼は私を経済学者だと思い込んだが、そうではなく専門は哲学だと私が言うと、彼は、米国は対外援助を行なうべきだと思うかと私に尋ねた。そう思うと私が答えると、彼は、政府は国民のお金を他の人々に与えるために課税すべきではないと応じた。それは強盗だと彼は考えていた。私が、大金持ちは彼らの稼ぎのいくらかを貧しい人々に自発的に寄付すべきだと思うかと尋ねると、彼は、もしある人が働いてお金を稼いだのであれば、そのお金をどう使うべきかについてその人にとやかく言うつもりはない、と答えた。

そこで我々は目的地に着いた。タクシーでの移動がまだ続いていたならば、私は彼を説得しようとして、人々が多くの稼ぎを得ることができるのは彼らがそれに適した社会環境で暮らしている場合に限られること、そして彼らは自分自身でそうした環境を作り出したわけではないことを説いていたかもしれない。私はウォーレン・バフェットが、自分の富の大半は社会のおかげであると認めて、次のように述べているのを引用することもできただろう。「もし私をバングラデシュやペルーの真ん中に放り出したとしたら、私の〔投資の〕才能は誤った土壌ではほとんど何も生み出さないことがわかるだろう」。ノーベル賞を受賞した経済学者で社会科学者のハーバート・サイモンは、米国や西欧・北欧の社会のような豊かな社会で人々が得る稼ぎのうち、少なくともその九割が「社会資本」のおかげだと推計した。サイモンが社会資本という言葉で意味しているのは天然資源のことだけではなく、より重要なものとして、社会が持つ技術や組織力、またよい統治が行なわれていることでもある。こうした土台があって初めて大金持ちたちは自分の仕事を始められるのだ。「道徳的な根拠に基づくなら、九割の所得税を一律に課すことを支持する議論を行なうことも可能だろう」とサイモンは付言している。もちろんサイモンは、そのような法外な税率を推奨したわけではない。なぜなら、彼は税金が持つ経済抑制効果をよく知っていたからだ。とはいえ、大金持ちはもっぱら一生懸命働いた結果としてその財産を築いたのだから彼らにはその財産を持つ権利があるという議論は、サイモンの行なった推計によって掘り崩される。彼の言うことが正しければ、その議論が当てはまるのは彼らの財産のせいぜい一割に関してだけである。

いずれにせよ、仮に我々が、人が稼いだお金はすべてその人のものであるという主張を認めたとしても、彼らがそのお金を用いて何をなすべきかという問いに対する答えを得たことにはならない。彼らはそのお金で贅沢なパーティーを開いたり、自家用ジェット機や豪華なヨットを購入したりする権利があるし、もっと言えば、札束をトイレに流す権利だってあると言えるかもしれない。しかし、それでも我々は、人々が容易に予防可能な疾病で死んでいる中で、彼らがこういったことをするのは間違っていると考えることができる。三〇年以上前、現在はバングラデシュと呼ばれている地域で人道的危機が起きていた頃に、私はある論文を書いた。その論文で私が用いた例は、浅い池のそばを歩いている人が、小さな子どもがその池に落ち、溺れて死にそうになっているのを見かけるというものである。たとえその子どもが池に落ちたのは自分のせいではまったくないとしても、ほとんどの人は、もしその子どもを助けるのにわずかな不便や面倒しかかからないのであれば、我々はそうするべきである、という主張に同意する。それをしないことは薄情であり、不適切であり、一言で言えば、間違っている。その子どもを助けると、例えば新しい靴がだめになるかもしれないという事実は、溺れている子どもを助けなくてよい理由にはならない。同様に、ある発展途上国の保健プログラムに一足分の靴の代金を寄付すれば一人の子どもの命を救える可能性が高い場合、我々はそうするべきなのだ。

だがおそらく、我々が持つ貧しい人々を救う義務は、この例が示唆するよりもずっと強いものかもしれない。なぜなら、子どもが池に落ちたのは通行人のせいではないが、我々の場合はそこまで無実とは言えないからだ。コロンビア大学の哲学者のトマス・ポッゲは、我々の豊かさの少なくとも一部は、貧しい人々の犠牲によって成り立っていると論じている。彼はこの主張の根拠として、発展途上国からの農作物の輸入に対して欧州と米国が保持している〔関税〕障壁に関するよくある批判を行なうだけでなく、発展途上国との貿易に関してあまり知られていない側面にも言及している。例えば彼の指摘によれば、国際企業は天然資源を購入するためならばどんな政府とも取引するつもりであり、その政府がどのようにして権力を得るに至ったかについては無関心である。このことは、既存の政府を転覆させようとする集団に対して、大きな金銭的誘因を与える。反逆に成功した者たちは、その国の石油、鉱物、木材を売り払うことで一儲けできるからだ。

ポッゲの主張では、発展途上国の腐敗した独裁者と取引する国際企業は、盗品をそれと知りつつ購入する人と道徳的に見て何ら変わらない——ただし、国際企業の場合は、盗品を所有する犯罪者ではなく、購入物の合法的な所有者としてその企業を承認する国際的な法的・政治的秩序が存在しているという違いはあるが。もちろん、この状況のおかげで我々は自国の繁栄を維持するのに必要な原材料を入手できるため、この状況は先進国にとって有益である。しかし、資源の豊富な発展途上国にとっては災難である。というのは、この状況があるために、発展途上国に利益を与えるはずの資源は、クーデターと内戦と政治腐敗のサイクルをもたらす災いの種となり、国民全体にはほとんど利益を与えないものとなってしまうためである。

この点を考慮すると、貧しい人々に対する我々の義務は、単に見知らぬ人々に援助を行なう義務であるだけでなく、彼らに対して我々がもたらした、また今なおもたらしている損害を賠償する義務でもある。我々の豊かさは実際のところ貧しい人々の利益となっているのだから、我々には彼らに賠償する義務はない、という議論がなされるかもしれない。贅沢に生きることで雇用が創出され、その結果、富は富裕層から貧困層へと滴り落ち、援助よりも効果的に貧しい人を助けることにつながる、というのだ。しかし、先進国は非常に貧しい人々によって作られたものをほとんど何一つ買っていない。過去二〇年の経済的なグローバル化の進展の間、貿易の拡大は世界中の多くの貧しい人々が貧困から抜け出すのに役立ってきたけれども、世界の人口の中で最も貧しい一割の人々はその利益を受けなかった。そうした最も貧しい人々の一部――彼らの大半はサハラ以南のアフリカに住んでいる――は、裕福な人々が買いたいと思うような物を何も持っておらず、他の一部は、自分たちの作った物を市場に出すためのインフラを欠いている。仮に彼らが自分たちの作った穀物を港へ運ぶことができたとしても、欧州と米国の補助金のせいで、彼らの穀物は売れない場合がほとんどである。とはいえ、例えば圧倒的に大規模で裕福な米国の綿農家と競争する西アフリカの綿農家の場合がそうであるように、裕福な国々で補助金を受けている農家よりも彼らの方が生産コストは低いのである。

こうした問題の解決は個人による慈善行為によってではなく国によって行なわれるべきだ、というもっともな指摘がなされるかもしれない。政府による援助が行なわれる場合、非課税限度額以上の所得のある人はみな、いくらかの貢献をすることになり、また支払い能力の大きい人ほどより多くの額を支払うことになる。なるほど我々は、ゲイツやバフェットのしていることを賞賛しはするものの、何億人もの人々の命運が二人か三人の私人の決定に左右されるような制度に不安を覚えもするだろう。ところが米国政府による海外開発援助の額は、国民所得一〇〇ドル当たり二二セントであり、これは国民総所得に占める割合としては、ポルトガルによる援助とほぼ同じであり、英国による援助の約半分である。

さらに悪いことに、米国の援助の大半は自国の戦略的関心に最も適う国々に向けて行なわれている――現在、群を抜いて最大の米国の開発援助の受益者はイラクであり、またエジプト、ヨルダン、パキスタン、アフガニスタンのような国がみな上位一〇カ国に入っている。米国による公的な開発援助のうち、世界の最貧国に届けられるのは、その四分の一以下――国民総所得一〇〇ドル当たりわずか五セント――である。

米国政府による援助に加えて、個人による慈善行為を考慮に入れると、この状況はましになる。なぜなら、国民一人当たりで比べた場合、米国人は国際的な慈善団体に対して他のほぼすべての国の市民よりも多額の寄付を個人的に行なっているからだ。しかし、個人による寄付が含められた場合でも、ノルウェー、デンマーク、スウェーデン、オランダなどの国々は、それぞれの経済規模に占める割合で言えば、米国の三倍から四倍の援助を行なっている――しかも、そうした援助のずっと多くの割合が最貧国に向けられている。少なくとも現状では、世界規模の貧困を減らすために慈善行為をすべきだという主張に対して、その問題は政府が適切に対応しているという反論は有効ではない。さらに、仮に米国の公的な援助のより多くが最貧国へと向けられ、また国内総生産の規模を考慮した場合に、最も気前のよい国々の援助に比肩するものになったとしても、個人による慈善行為にはやはり一定の役割が存在するだろう。個人として寄付をする人々は、外交上の考慮や国連で浮動票を得たいという欲求に制約されないため、腐敗した政府や援助費を浪費する政府との取引をより容易に避けることができる。彼らは直接現地に行き、地元の村落や草の根団体とともに働くこともできる。

また、慈善を行なう人々はロビイストの世話にもならない。ニューヨーク・タイムズ紙が最近報じたように、数十億ドルにも上る米国の援助費は自国の生産物に紐付けられている。アフリカに送られる小麦は米国産でなければならないとされるが、援助の専門家の指摘によれば、これによってアフリカの現地の市場が下落することがしばしばあり、その結果、現地の農民にとってはより多く生産するための動機付けが下がってしまう。明らかに命に関わる決定に関して言えば、アフリカおよび世界中のエイズの拡大を阻止するために配布される何億ものコンドームは、米国産でなければならないとされるが、その値段は、アジアで作られた同様の製品の二倍するのである。

その他の仕方でも、私的な慈善活動家は、政府が踏み入るのを恐れる領域に自由に乗り出すことができる。ウォーレン・バフェットは、妻のスーザン・トンプソン・バフェットの名を冠した財団を通じて、家族計画やプロチョイスの団体などの、生殖に関する権利運動の支援を行なってきた。もう一つの際立った取り組みとして、彼は、核不拡散条約を遵守している国々に原子炉燃料を供給するための「燃料バンク」を設立するという国際原子力機関の計画に対して、五〇〇〇万ドルの支援を約束した。この発想は、長年議論されており、各国が核燃料を自国で生産するための施設――のちのち核兵器製造に転用されかねない施設――を建てるのをやめさせるのに有用な方法であることが広く合意されている。バフェットが言うには、それは「より安全な世界を作るための投資だ」。これは政府にもできることであり、またやるべきことでもあるが、これまで最初の一歩を踏み出した政府は一つもなかったのだ。

援助を批判する者は常に存在する。慎重に計画され、賢明な仕方で行なわれる私的な慈善事業は、援助はうまく行かないという批判に対する最善の答えであるかもしれない。もちろん、人の手によるどんな大規模な企てでもそうであるように、一部の援助は非効率である可能性がある。とはいえ、援助が実際に逆効果であるというのではない限り、比較的非効率な援助でさえ、大富豪による贅沢な浪費よりは人間の福利を向上させるのに役立つ可能性が高いだろう。

◇

というわけで、大金持ちは寄付をするべきだ。しかし、彼らはどれくらい寄付すべきだろうか。ゲイツはすでに三〇〇億ドル近くを寄付したものと思われる。だが、今でも彼は五三〇億ドルの資産を持ち、フォーブス誌による米国人長者番付のトップの座にとどまっている。彼が住むシアトル近郊の湖畔にたたずむ六万六〇〇〇平方フィートの広さのハイテクな豪邸は、報道によれば一億万ドル以上の資産価値があるとされる。固定資産税は一〇〇万ドル近くになるとされる。彼の所有物の中には、レオナルド・ダ・ヴィンチの手稿の中で今日唯一個人所有されているレスター手稿があり、彼は一九九四年に三〇八〇万ドルを払ってそれを手に入れた。ビル・ゲイツはすでに十分寄付したと言えるだろうか。もっと辛辣に言うなら、あなたはこう尋ねてもよい。ゲイツがすべての人命は等しい価値を持つと本気で思っているならば、こんな高価な家に住み、レオナルド・ダ・ヴィンチの手稿を所有するなんて、いったい彼は何をしているのか。もっと慎ましく生活することで貯蓄できるお金を、彼がすでに寄付した額に追加することで、もっと多くの人命を救うことができるのではないだろうか。

　だが我々は、次のことも認めなければならない。すなわち、ゲイツの寄付した額が彼の財産に占める割合によって判断した場合、ゲイツはフォーブス誌の長者番付の上位四〇〇人に名を連ねる他のほとんどの人々に比べればかなり健闘している方だということである。その長者番付には、彼の元同僚でマイクロソフト社の共同創立者であるポール・アレンの名前もある。一九八三年に会社を去ったアレンは、彼のこれまでの生涯の間に、八億ドル以上の寄付を慈善目的で行なってきた。それだけ多く寄付できる人は我々の中にはほとんどいないと言える。しかし、フォーブス誌の長者番付によればアレンは米国で五番目に裕福な人物であり、総資産は一六〇億ドルである。彼はシアトル・シーホークスとポートランド・トレイルブレイザーズのオーナーであり、また、ヘリコプター二機と六〇フィートの潜水艦一隻を積載した四一三フィートの海洋ヨットも所有している。彼がこれまでに寄付したのは、その総資産のうちの約五％にすぎないのだ。

　五％というアレンの寄付とおよそ三五％というゲイツの寄付の間のどこかに、道徳的に適切だと言える線を引くことができるだろうか。ゲイツに対してまだ十分に寄付していないと言うことができるような模範を自ら示したことのある人はほとんどいないが、ゼル・

クラヴィンスキーはその一人と言えるかもしれない。数年前、クラヴィンスキーが四〇代半ばの頃、彼は不動産投資による四五〇〇万ドルの資産のほとんどすべてを保健衛生関係の慈善団体に寄付した。その後に残されたのは、フィラデルフィア近郊のジェンキンタウンにある慎ましい自宅と、家族が暮らすのに十分な生活費だけであった。彼は、腎不全で毎年何千人もの人々が移植を待ちながら死亡しているということを知ると、フィラデルフィアにある病院に連絡し、まったく知らない人に自分の腎臓の一つを提供した。

クラヴィンスキーの話をニューヨーカー誌で読んだ私は、彼を招いてプリンストン大学の私の講義で話してもらうことにした。彼は、他人が自分の利他的行為の背後にある単純な論理を理解できないという事実に苦しめられているように思われた。クラヴィンスキーの発想は数学的である――これは明らかに、どの投資が儲かるかを彼が判断するのに役立った能力である。彼によれば、腎臓を提供した結果として死ぬ確率はおよそ四〇〇〇分の一である。彼にとってこのことは次のことを示している。腎臓提供を受けなければ死んでしまう人に自分の片方の腎臓を譲らないことは、自分の命を見知らぬ人の命よりも四〇〇〇倍価値があるものと判断することである。このような判断は「道理に反している」と彼は述べた。

クラヴィンスキーが我々と大きく異なるのは、すべての人命は等しい価値を持つという考えを、彼は単に美辞麗句としてではなく人生の指針として捉えているということだ。彼は自分のことを狂人だと思っている人もいることを知っている。また、彼の妻ですら、彼は行き過ぎだと思っている。腎臓を提供することに対する彼女の反論の一つは、自分たちの子どもの一人がいつか腎臓移植を必要とする場合に、ゼルだけが唯一適合性のあるドナーであるかもしれないというものだった。自分の子どもに対するクラヴィンスキーの愛情は、私にわかる限りでは、普通の親の愛情と同じくらい強いものである。このような愛情は我々の本性の一部であり、それが子どもを産む哺乳類としての我々の進化の産物であることは疑いない。生まれてきた子どもが生存するには、並外れて長い時間にわたって親の援助を必要とするからだ。しかしだからといって、我々が見知らぬ他人の子どもの命に与える価値の何千倍もの価値を自分の子どもの命に与えることは正当化できない、というのがクラヴィンスキーの考えである。もし自分の子どもを死なせることで一〇〇〇人の子どもの命を助けられるならばそのようにするかと尋ねられたとき、クラヴィンスキーはそうすると言った。それどころか、彼は、仮に自分の子どもを死なせることで他の子どもを二人だけ助けられる場合でさえ、そうするだろうと言った。とはいえ、彼は妻をなだめるために、最近不動産業を再開して、いくらかの財産を築き、家族のためにより大きな家を購入した。しかし彼はなお、家庭生活をなるべく平穏に保っておくということだけを唯一の制約として、可能な限り寄付をするという取り組みを続けている。

バフェットの考えでは、自分の子どもに相続する額は、「それだけあれば何でもできると子どもが思うのに十分な程度にすべきであるが、それだけあれば何にもしなくてよいと思うほどの額にしてはならない」。彼によれば、これは「それぞれの子どもに数十万ドル」の相続をするということだ。金額としては、これは大半の米国人が自分の子どもに遺すことができるよりもはるかに多く、また、クラヴィンスキーの基準では、明らかに多すぎである。(クラヴィンスキーに言わせれば、最初に四五〇〇万ドルを寄付することよりも、最後に残った一万ドルを寄付することの方が難しい。そうすることで、ビジネスの世界で仕事ができなくなるほど質素な生活をしなければならなくなるからだ。)しかし、たとえバフェットが彼の三人の子どもに一〇〇万ドルずつ相続したとしても、それでも彼は自分の財産の九九・九九%以上を寄付したことになるだろう。誰かがそれだけのことをした場合は——とりわけ、親は子どもに財産の大半を相続すべきだという規範のある社会においては——、もう数十万ドル寄付しようと思えばできたのにと難癖をつけるよりは、その人を称賛するほうがよいだろう。

ニューヨーク大学のリアム・マーフィーやプリンストン大学の私の同僚のクワメ・アンソニー・アッピアのような哲学者たちの主張によると、我々の義務は、世界規模の貧困を削減する責任のうちの公平な負担分を果たすことに限られるとされる。彼らは、世界で最も貧しい人々がまともな暮らしをする機会を持つのを保障するにはどれだけの額が必要かを我々に計算させ、そして次にこの合計を裕福な人々の人数で分割させる。これによって我々各人がいくら寄付すべきかがわかり、そしてその額を寄付すれば、我々は貧しい人々に対する義務を果たしたことになるというのだ。

そのような公平な負担分は、どれくらいだろうか。一つの計算方法は、少なくとも今後九年間は、二〇〇〇年の国連ミレニアムサミットで設定されたミレニアム開発目標を我々の目標と考えることである。国連ミレニアムサミットには、史上最大の数の世界の指導者たちが集まり、以下の目標を含む一連の目標を二〇一五年までに達成すると合同で誓約した。

・極度の貧困下で生活する人口の割合を半減させる（極度の貧困とは、購買力平価換算で一日一ドル未満のお金で暮らすことと定義される）。
・飢餓に苦しむ人口の割合を半減させる。
・すべての子どもが初等教育の全課程を修了できるようにする。
・教育における男女格差を解消する。
・五歳未満児の死亡率を三分の一に削減する。
・妊産婦の死亡率を四分の一に削減する。
・ＨＩＶ／ＡＩＤＳの蔓延を食い止め、その後減少させる。マラリアやその他の主要な疾病の発生を食い止め、その後発生率を減少させる。
・安全な飲み水を継続的に利用できない人々の割合を半減させる。

昨年、コロンビア大学の経済学者ジェフリー・サックスが委員長を務めるある国連のタスクフォースが、これらの目標を達成するための年間の費用を推計したところ、二〇〇六年には一二一〇億ドルで、二〇一五年までに額が上がって一八九〇億ドルになると考えられた。各国がすでに約束している政府開発援助を考慮に入れると、目標達成のために毎年必要になる追加の金額は、二〇〇六年はわずか四八〇億ドルで、二〇一五年は七四〇億ドルである。

そこで、米国の富裕層と大富豪の所得を見て、彼らがどのくらい寄付をするのが理にかなっているかを問うてみよう。パリのジョルダンにあるフランス高等師範学校のトマス・ピケティとカリフォルニア大学バークリー校のエマニュエル・サエズの二人の経済学者が、米国の二〇〇四年の税統計に基づいて最近提示した統計を用いると、この課題はより容易になる。彼らが用いている金額は課税前所得であり、キャピタル・ゲイン[2]による所得——これは非常に裕福な人々においてはほぼ常に相当な額になる——は除かれている。単純化のために、私は金額を丸めるのに多くの場合は端数を切り捨てた。これらの数字が示しているのは「課税単位」、つまり、多くの場合、個人ではなく世帯についてのものであることにも注意してほしい。

ピケティとサエズの統計を見ると、一番上の階層は、米国の納税者の上位〇・〇一%によって構成されている。この層には一万四四〇〇人がおり、平均所得は一二七七万五〇〇〇ドルで、総計すると一八四〇億ドルになる。この集団における最低の年間所得でも五〇〇万ドルを超えているため、彼らは年間所得の三分の一、つまり平均して各々四三〇万ドル、総計で約六一〇億ドルを大した苦もなく寄付できると考えることは理に適っているだろう。それだけ寄付をしても、彼らは各々、少なくとも三三〇万ドルの年間所得が残されることになる。

次は、上位〇・一％の残りの人々である（直前に述べたカテゴリーの人々は除く。以下同様）。この集団には一二万九六〇〇人がおり、平均所得は二〇〇万ドル強で、最低所得は一一〇万ドルである。もし彼らがそれぞれ所得の四分の一を寄付したなら、総額は約六五〇億ドルとなり、彼らそれぞれの手元には少なくとも年に八四万六〇〇〇ドルが残ることになる。

上位〇・五％は、五七万五九〇〇人の納税者からなり、平均所得は六二万三〇〇〇ドルで最低所得は四〇万七〇〇〇ドルである。もし彼らが所得の五分の一を寄付したなら、それでも彼らの手元にはそれぞれ三二万五〇〇〇ドルが残るが、彼らは総計で七二〇億ドルを寄付することになるだろう。

上位一％の人々の水準まで下がると、納税者は七一万九九〇〇人いて、平均所得は三二万七〇〇〇ドルで最低所得は二七万六〇〇〇ドルである。彼らは所得の一五％を苦労せずに寄付することができるだろう。すると総計で三五〇億ドルの寄付となり、彼らの手元には少なくとも二三万四〇〇〇ドルが残るだろう。

最後に、米国の上位一〇%の残りの人々は、少なくとも年に九万二〇〇〇ドルの所得があり、平均所得は一三万二〇〇〇ドルである。この集団には一三〇〇万人近くの人が含まれる。もし彼らが伝統的な〔教区の人々が教会に寄付していた〕一〇分の一税――所得の一〇%、すなわち平均してそれぞれ一万三二〇〇ドル――を寄付するならば、総額は一七一〇億ドルとなり、彼らの手元には少なくとも八万三〇〇〇ドルが残るだろう。

所得に占める寄付の割合についての私の提案が考えうる限り最も公平な枠組みと言えるかどうかについては、長い間議論することもできよう。もしかすると、スライディング・スケールの傾斜をより大きくすることで、大富豪からの寄付はもっと多くして、なんとか快適な生活を送っている程度の人々からの寄付はもっと少なくした方がよいかもしれない。また、米国の世帯の上位一〇%を超えて範囲を拡大し、基本的な生活必需品以外のものを買う余裕のある人々はすべて、所得の一%ぐらいでもよいから、いくらかを寄付するように変更することも考えられるだろう。いずれにせよ、こうした計算に関して特筆すべきことは、誰にも重大な困難を課すことがないと思われるような寄付の尺度により、総計で四〇四〇億ドルの寄付が――米国の世帯の上位わずか一〇%から――生み出せるということだ。

明らかに、他の国に住む裕福な人々も世界規模の貧困を削減する責任を負担すべきである。米国は、経済開発協力機構（ＯＥＣＤ）諸国のＧＤＰ合計の三六％を占めている。米国は他のどの主要国よりも裕福であり、またその富は他のほとんどすべての先進国に比べて不平等な仕方で分配されていることを考えると、米国に住む裕福な人々による寄付は世界全体の寄付額の三六％以上を占めるべきだと言えよう。そこで、世界規模の貧困を削減するための援助総額のうち、米国からは三六％よりもいくらか多い割合がもたらされるべきである。話を簡単にするため、米国の公平な負担分を、全体の半分ということにしよう。これを基にして、私が提案した枠組みを全世界に拡張すると、開発援助のために毎年八〇八〇億ドルの寄付がもたらされることになる。これは、サックスが委員長を務めたタスクフォースが、ミレニアム開発目標を順調に達成するために二〇〇六年に必要だと推計した額の六倍以上であり、その推計額と政府開発援助のためにすでに約束された額の間の差額の一六倍以上である。

もし我々が果たす義務があるのは、世界規模の貧困を根絶する責任のうちの公平な負担分だけだとしたら、負担はそれほど大きくないだろう。だが、本当にそれだけすれば我々はなすべきことを果たしたことになるのだろうか。我々は皆、公平なのはよいことだという点では合意しており、また、他の人が責任を果たさないせいで自分がその分多く働くというのは誰も好まないため、公平な負担論は魅力的である。しかし、最終的には、我々はそれを退けるべきだと私は思う。浅い池で溺れている子どもの例に戻って考えてみよう。池に落ちたのは一人の幼い子どもではなく、五〇人の子どもたちだと想像してみよう。我々は、その子どもたちとは顔見知りではなく、池の周りの芝生でピクニックをしている五〇人の大人たちの一部である。我々は簡単に池の中に入って行き、その子どもたちを助けることができる。また、膝下ほどの深さの泥水の中を歩き回るのは冷たいし不快だろうと思われるからといって、その事実によって子どもたちを助けないことが正当化されるわけではない。「公平な負担」論者なら、次のように言うだろう。もし我々がそれぞれ一人の子どもを助けたならすべての子どもたちが救出されるため、我々の誰も一人より多くの子どもを助ける義務を持たない、と。しかし、仮にピクニックをしている人々の半分が、服を汚さず濡らさずにいることを選び、子どもを一人も助けなかったとしたらどうだろうか。この場合に、残りの半分である我々が、一人の子どもを助ければ自分の公平な負担分は果たしたことになるので、残り半分の子どもたちは溺死するだろうと知りつつも、それぞれ一人の子どもだけを助けることで終わりにしたとしたら、それは許されるだろうか。

自分の公平な負担分を果たさない人々に対して我々が憤慨することは正当化されるであろうが、我々が彼らに対して憤慨するからといって、子どもたちを見殺しにしてよいことにはならない。賞賛と非難という観点から言えば、明らかに我々は、何もしない人々に対して最も強い言葉遣いで非難して然るべきである。反対に、自分の公平な負担分を果たして終わりにする人々に対しては、我々はそのような非難をしなくてもよいだろう。とはいえ、彼らは容易に救うことができたにも拘わらず子どもたちが溺れて死ぬのを黙認したのであり、それは不正なことなのだ。

これと同様に、現実世界においても、十分すぎる所得を持つ者が世界規模の貧困の削減のために公平な負担を行なわない場合、道徳的に深刻な欠陥があると見なされて然るべきである。しかし、次のような人々に対してどのような態度を取るのが適切かを決めるのは、そう簡単ではない。すなわち、自分の公平な負担分よりも多くのことが容易にでき、しかも、他の人々が自分の負担分を果たさないために、さらなる寄付があれば深刻な困窮状態にある多くの人々の支援が可能になるという場合に、自らの貢献を自分の公平な負担分だけに留める人々である。我々は内心では、もっと多くのことをなさないのは不正だと考えるべきである。しかし、自分の公平な負担分を果たしてはいるがそれ以上はしないという人々を我々が実際に批判すべきかどうかは、このような批判が彼らやその他の人々にどのような心理的な影響を与えるかによる。そして、どのような心理的影響を与えるかは、社会実践のあり方によるだろう。もし多数派の人々がまったくないしほとんど何もしていない場合には、公平な負担という水準よりも高い基準を設定すると、あまりにも要求が高すぎると感じられて、公平な貢献をするつもりのある人々はそれすらやらなくなってしまうかもしれない。そこで、人々が公平な負担という水準を達成している場合には、彼らを批判するのはやめておくことが最善であろう。我々の社会の基準を向上させるには、我々は一歩ずつ歩みを進める必要があるだろう。

私はかれこれ三〇年以上、大きな富と生命を脅かす貧困がこの地球上に併存していることによって生じる倫理的問題について、研究を行ない、論文を書き、講義で教えてきた。しかし、本論文を書くために米国の最も裕福な一〇%の人々が実際にどれだけ稼いでいるのかを計算してみて初めて、私は世界規模の貧困を根絶ないしほぼ完全に根絶することが、世界中に住む裕福な人々にとっていかに容易であるかをはっきりと理解した。（実際のところ、裕福な人々は過去三〇年の間にもっと裕福になったため、貧困の根絶はずっと容易になった。）私はこの結果に驚いた。私は計算の見直しを行ない、研究助手にも確認を頼んだ。

だが計算は正しかった。我々にできることに照らして考えた場合、ミレニアム開発目標は不当なぐらいあまりにも控えめな目標であることになる。もし我々がそれを達成できない場合――現時点での進捗具合からすると、そうなる可能性が高いのだが――、我々には言い訳はできない。我々が設定すべき目標は、極度の貧困状態で暮らし、食べ物が十分にない人々の割合を半減させることではなく、誰一人そのような非人間的な状況でずっと暮らさずに済むように保障することである。これは価値のある目標であり、そして我々の手が十分届くところにあるのだ。

訳注

〔1〕 疾病負担（疾病負荷）とは、特定の病気や怪我を経験したり、それによって死亡したりすることで生じる損失のこと。世界疾病負担研究は、一九九〇年に始まった、世界の様々な国や地域の人々が経験している傷病の種類や疾病負担の程度を測定する試みである。

〔2〕 株式や債券などの資産の売却によって得られる売買差益のこと。

監訳者解説

本書はピーター・シンガーの著名な論文「飢えと豊かさと道徳」を始め、三編の論文を収めたものである。一九四六年に豪州メルボルンで生まれたシンガーは、現在プリンストン大学の教授とメルボルン大学の教授を務めており、二〇〇五年の『タイム』誌で世界で最も影響力のある一〇〇名の一人にも選ばれたことのある、現代の哲学者の中でも一、二を争う有名な思想家である。彼を哲学者の間だけでなく一般人の間でも有名にした要因の一つが、一九七二年に発表した前述の論文から始まった飢餓救済の議論である。

本書が出版に至った経緯は「はじめに」で述べられている通りであるが、少し補足しておこう。一九七二年に書かれた「飢えと豊かさと道徳」は、シンガーがまだ二五歳の時に公表した論文である。さらに彼は、その翌年に「動物の解放」という論文を著し、動物福祉の観点から動物実験および肉食の廃止を唱えた。一九七一年に『哲学と公共問題』という学術誌が創刊されたことに象徴されるように、六〇年代末から七〇年代前半は哲学が社会問題に取り組む気運が高まり出した時期であった。その折に公表された彼の飢餓救済論と動物解放論は、関連する学問領域はおろか、欧米の社会全体にも多大な影響を持つことになった。また、一九七〇年代の終わりには、シンガーはキリスト教道徳における生命の神聖さの教説を批判し、人工妊娠中絶や重度障害児の新生児殺の擁護、また安楽死の正当性を主張し、大きな論争を引き起こした[1]。

飢餓救済論は、「はじめに」でも述べられているように英米を中心とする海外の大学では以前から熱心に議論されていたが、日本では一九七二年の論文の翻訳がこれまでなされなかったこともあり、動物解放論や新生児殺に関するシンガーの見解に比べると、あまり知られていない彼の一側面となっていた[2]。飢餓救済論および後述する効果的利他主義の運動に関しては、すでに『あなたが救える命』や『あなたが世界のためにできるたったひとつのこと』が翻訳されているが[3]、今回、その原点となる一九七二年の論文を含む本書が日本語で読めるようになったことで、飢餓救済に関するシンガーの思想がより正確に理解できるようになったと言える。

以下では三編の論文について、とくに解説が必要と思われるところを中心に紹介しよう。

1 「飢えと豊かさと道徳」

先述のように、シンガーの「飢えと豊かさと道徳」は一九七二年に発表された。その前年の夏、ビートルズの元メンバーのジョージ・ハリソンは、ボブ・ディランやエリック・クラプトンなどの友人を誘ってバングラデシュの難民救済のためのチャリティ・コンサートをニューヨークで開き、その冬に出されたライブアルバムはグラミー賞を取るなどして大きな注目を集めた。東ベンガル（現在のバングラデシュ）で起きたサイクロン禍と、その後に発生したインドとパキスタンの軍事衝突の結果、数百万人規模の難民が死の危機に瀕しており、日本を含めた先進国の人々が彼らのことを憂えていた頃である。

本論文に登場する浅い池で溺れている子どもの例（六頁）は、哲学分野で最も有名な思考実験の一つである。浅い池で子どもが溺れていて、自分が助けなければ溺れ死んでしまうとすれば、服や靴が汚れるなど多少の犠牲があるとしても、助けないことは間違ったことだと誰でも考えるだろう。しかし、我々の多くは、東ベンガルの難民キャンプで飢餓や病気に苦しむ人を助けるために寄付しようとしないし、それを間違ったこととも考えていない。これはなぜなのか。

シンガーはこのような対比を用いて、我々の道徳的信念が首尾一貫していないことを読者に気付かせようとしている[4]。自分の信念や行動に一貫性のないことを指摘されて居心地が悪くなった読者は、自分の振舞いを何とかして合理化しようと考えるかもしれないが、本論文を読み進めていくうちに、それがなかなか容易ではないことがわかるであろう。

本論文を理解する上で最も重要なポイントは、義務と超義務の区別である（一四頁以降）。今日、人助けのために寄付やボランティアなどの善行を行なうことは、義務を超えた善行つまり超義務だと考えられる傾向にある。他人に危害を与えないことは義務であるが、他人に危害が及ぶのを防ぐことは、それが職業上の義務であったり、あるいは困っている人が自分の家族や友人であったりしない限りは、やらねばならない義務ではなく、やれば褒められる超義務だ、という考え方である[5]。

だが、シンガーは慈善は超義務であって義務ではないという現代社会の暗黙の前提に真っ向から挑戦している。さきほどの池の例を用いて彼が示そうとしているのは、我々には多少の犠牲を払ってでも他人を助ける義務があるということである。さらにシンガーは、豊かな国に住む人々には世界中で飢えや病に苦しんでいる人々を助ける義務があり、その目的で寄付などの行動をしない場合、道徳的義務に反している、すなわち道徳的に間違ったことをしていると論じている。

仮にこの議論を受け入れた場合、我々はどこまで他人を助ければ義務を果たしたと言えるのだろうか。これは義務の要求水準の問題である。本論文では、「何か悪いことが生じるのを防ぐことができ、しかも、それと同じぐらい道徳的に重要な何かを犠牲にすることなくそうすることができるならば、我々は、道徳的に言って、そうするべきである」(五頁)と述べられている。つまり、自分が寄付することで誰かが飢え死にするのを助けられるならば、自らの寄付行動によって自分や家族が飢えで死ぬということにならない限りは、そうしないと間違っているということだ。これは、非常に高い要求水準である。

この援助義務の要求水準の問題は本書のすべての論文で論じられているが、シンガーは現在では一九七二年の頃と比べて要求水準を下げているように見える。(6) とはいえ、彼は依然として他の論者に比べると高い水準を主張している。たとえば世帯所得が年間一〇〇〇万円程度の世帯では所得の一〇％を寄付に回すべきである（七七頁）。ちなみに、彼自身も大学院生の頃から所得の一〇％を援助団体に寄付しているという。

また、シンガーの思想全体に通底する論点として、消費社会批判がある。本論文では少し触れられるだけに留まっているが（二五〜二六頁）、豊かな国の人々は飢餓救済のために寄付する代わりに取るに足らないものにお金を浪費し、しかもそのような消費行動は必ずしも人々を幸福にしてはいない、という考えである。大量生産、大量消費の文化がもたらす負の影響については、肉食の禁止を訴える『動物の解放』や、個人の自己利益の追求の規範は必ずしも幸福をもたらさないと論じる『私たちはどう生きるべきか』でも論じられている[7]。飢餓救済のために寄付することは義務であるというシンガーの主張は一見するととっぴに見えるかもしれないが、その背後には、それを当然の義務と考えない社会にこそ何か大きな病弊があるという彼の文明批判を読者は見てとるべきであろう。「飢えと豊かさと道徳」というタイトルにもあるように、シンガーが問題にしたいのは飢餓救済のために寄付をしないということだけではなく、豊かな国に住む我々の道徳観そのものなのだ。

本論文が書かれてからすでに半世紀近く経っているため、「東ベンガル」という今では存在しない地名や、「グローバル・ヴィレッジ」という古色蒼然とした表現も出てくるが、その内容の哲学的および実践的な意義は今でも色褪せていない。哲学を志す者だけでなく、一般市民も教養として読んでおくべき古典と言える。

2 「世界の貧困に対するシンガー流の解決策」

この論文は一九九九年にニューヨーク・タイムズ紙に書かれたもので、内容的には一九七二年の論文の改訂版と言える。

一九七〇年代の終わりから二〇年間にわたり豪州メルボルンにあるモナシュ大学で教えていたシンガーは、一九九七年に米国プリンストン大学に移ってきた。この時、プリンストン大学がシンガーを教授として迎えることに対して、大学の内外で反対運動が起きた。これは先述したようにシンガーが中絶や重度障害児の新生児殺の擁護をしていたために、反中絶団体や障害者団体から目の敵にされていたからである。しかし、この反対運動がメディアの注目を集めたことにより、シンガーはニューヨーク・タイムズ紙に寄稿を依頼されることになる。そして、依頼を受けた彼がこの論説記事を書いたことで、援助義務に関するシンガーの議論が米国の一般市民にも知られることになった。さらに、この論説記事が一つのきっかけとなり、シンガーは援助義務のみについて書いた初めての著作である『あなたが救える命』を二〇〇九年に上梓することになる（翻訳は二〇一四年）。

本論文は、五〇代の円熟したシンガーの、一般読者に語りかける力量の高さを堪能できるものとなっている。ここでは本論文の内容について、二点だけ述べておこう。

まず、対外援助において一人の命を救うためにかかる費用はいくらぐらいなのかという問題に関して、ニューヨーク大学の哲学教授であるピーター・アンガーによる試算が紹介されているが（三八頁）、シンガーがこの額についてその後もっと見積り額を引き上げたことは、「はじめに」にて述べられている通りである（xiv～xvii頁）。この費用対効果の観点は、後述する効果的利他主義の理念と関係するものと言える。

また、本論文では、政府が対外援助を十分に行なえば個人が寄付する必要はないという批判に対して、米国政府の対外援助はまったく十分ではないという応答が行なわれている（四四～四五頁）。これは日本についても当てはまることである。外務省のサイトにあるOECDの統計を見ると、二〇一六年の日本の政府開発援助（ODA）実績は、支出総額ベースで見ると米国、ドイツ、英国に次いで四位であるが、国民一人当たりの負担額は八二・一ドルであり、これはデンマークの約五分の一、ノルウェーの約一〇分の一となっている。[8] また、日本人の寄付額については『寄付白書二〇一七』が詳しく、それによれば二〇一六年の日本の個人寄付総額は七七五六億円であり、名目GDPの〇・一四%に当たるという。米国は三〇兆六六六四億円であり、名目GDPの一・四四%と、日本のほぼ一〇倍である。[9]

3 「億万長者はどれだけ寄付をするべきか――そしてあなたは?」

本論文も、同じニューヨーク・タイムズ紙に二〇〇六年に寄稿された論説である。第二論文の一部は『あなたが救える命』の第二章に組み込まれているが、本論文の内容も『あなたが救える命』の第一〇章と重なるところが多い。

本論文では、ビル・ゲイツやウォーレン・バフェットといった億万長者がかつてないほどの寄付をしているという話を枕にして、各人は実際のところどれぐらい寄付をすべきかという問題が論じられている。本論文の後半では、所得に応じた累進的な寄付額について論じられているが、『あなたが救える命』の第一〇章ではさらに細かい議論がなされているので、関心があればそちらも参照してほしい。

哲学的に重要なのは、次の二つの論点である。一つは、我々はみな同じだけの負担をすべきであり、それ以上の負担をする必要はないとする「公平な負担論」についての議論である。この議論は本書の他の二つの論文でも触れられているが、本論文で最も詳しく論じられている（七八〜八〇頁）。シンガーによれば、人々の間で負担が公平であることは重要であるものの、大勢の人々が死んでいるという現実を前にしたときに、自分は公平な負担分をしたからという理由でそれ以上のことをしないのは、公平さという価値を重視しすぎることになる。彼に言わせれば、それはまるで「地団駄を踏みながら「フ、エ、ア、じゃ、な、い！」と言う子どものようなもの[10]」である。

他の人以上に負担するのは不公平だから他人と同じだけしかしなくてよいという考え方に対するシンガーの態度は常に厳しく、第二論文でもこのような「群集に従うべし」という倫理は、「ナチスによる残虐行為が行なわれていたときに、多くのドイツ人たちが見て見ぬふりをする原因となったものである」として強く批判している（四〇〜四一頁）。この背景には、ユダヤ人家系のシンガーが祖父母を三人までナチスの強制収容所で失っていることも関係していると思われる。反対に彼はナチス体制下で英雄的な行動をとった人々を賞賛している[11]。このように、公平な負担分をなすだけでは、状況によっては必ずしも十分に義務を果たしたとは言えないというのがシンガーの考えである。

もう一つは、寄付はしているが十分にはしていない人を褒めるべきか、それとも十分に義務を果たしていないとして非難すべきか、という論点である。簡単に言えば、シンガーは義務を果たしているかどうかという問いと賞賛・非難をするべきかどうかという問いを切り離して考え、義務を十分に果たしていない人を非難するかどうかは、非難によってその人や他人の今後の行為がどう影響を受けるかという観点から決めるべきだという立場を採用している(12)。この考え方に従えば、ビル・ゲイツはまだ十分に寄付をしているとは言えず、それゆえ義務を果たしていないが、彼を非難するべきではない、ということになる。このような一見すると矛盾した主張が支持可能かどうかについても、検討の必要があるだろう。

4　効果的利他主義について

本書を手にした読者は、あのビル・ゲイツが妻と一緒に本書に序文を寄せていることに驚くかもしれない。最後にその背景事情について解説しておこう。

シンガーは今日注目を集めている効果的利他主義（Effective Altruism）の思想的な創始者の一人である。効果的利他主義とは、簡単に言えば、科学的なエビデンスを用いて効率的に世界をよりよくしようという考え方である。例えば寄付をする際に慈善団体の活動の費用対効果を厳しく評価したり、儲かる企業に就職するなどして一生涯で寄付できる額を最大限にしようとしたりする取り組みなどが挙げられる。[13] また、「はじめに」でハーバード大学のジョシュア・グリーンらによる心理学の研究が紹介されているが、こうした人間心理を踏まえた寄付行動促進のための活動もここに含まれるだろう。効果的利他主義においては、我々の感情の役割や不合理性などを踏まえた上での活動が理想とされていると言える。

効果的利他主義の運動は、二〇〇〇年代終わりごろに英米で始まったが、その一つの源泉は前出の『あなたが救える命』であり、さらに一九七二年の「飢えと豊かさと道徳」にまで遡ることができると言える。この運動については、『フォーブズ・ジャパン』（二〇一七年八月号）で紹介されるなど、日本でも一定の広がりを見せつつある。

効果的利他主義には、他人を助けて自分も幸せになろうという自己啓発的な側面もあり、その教祖的存在となっている近年のシンガーの著作には少し鼻につくところがあるかもしれない。たとえば「はじめに」で紹介されている、シンガーに影響を受けて生き方を変えたという人々の話がそうである（x〜xiv頁）。これは、ある意味では、援助義務に関するシンガーの長年の主張が一定の成功を収めた証でもあるだろう。

ともあれ、読者にはそうした自己啓発的な側面だけに囚われることなく、一九七二年の論文に最もよく示されているシンガーの根本の主張を真剣に受け止めて、自らの態度を決定してもらうことを願う。その主張とは、他人を助けることは一部の人々の職業上の義務に留まらず、我々一人ひとりが担っている義務であり、それゆえ我々は飢えや病に苦しんでいる人々を助けなければ道徳的義務を果たしたとは言えないという主張である。シンガーのこの主張は理性に訴える哲学的なものであるため、単に信じる、信じないというのではなく、十分に批判的な吟味を行なう必要がある。そして、その結果として彼の結論を受け入れるなら、我々は自分の態度や生き方を変えて、自らの義務を果たすべく行動しなければならないだろう。

注

（1） 動物解放論についてはピーター・シンガー『動物の解放 改訂版』（戸田清訳、人文書院、二〇一一年）を参照。また生命の神聖性批判についてはピーター・シンガー『生と死の倫理』（樫則章訳、昭和堂、一九九八年）を参照。さらに、「シンガー事件」として知られる、シンガーの生命倫理に関する見解がきっかけでドイツ語圏で生じた一連の出来事については、ピーター・シンガー『実践の倫理 新版』（山内友三郎・塚崎智監訳、昭和堂、一九九九年）の補遺「ドイツで沈黙させられたこと」を参照。

（2） ただし、シンガーの代表作である『実践の倫理』には「富める者と貧しい者」として飢餓救済論に一章があてられており、一九九一年に邦訳されている。『実践の倫理 新版』を参照。

（3） ピーター・シンガー『あなたが救える命』（児玉聡・石川涼子訳、勁草書房、二〇一四年）、同『あなたが世界のためにできるたったひとつのこと――〈効果的な利他主義〉のすすめ』（関美和訳、NHK出版、二〇一五年）

（4） 本書の第二論文におけるドーラの事例（三三～三五頁）やボブとブガッティの事例（三六～三八頁）、第三論文における人の命の値段の話（五二～五四頁）も、同じ効果を意図していると言える。

（5） 義務と超義務の区別やその歴史については、下記も参照せよ。加藤尚武『現代倫理学入門』（講談社学術文庫、一九九七年）、ミリャード・シューメーカー『愛と正義の構造――倫理の人間学的基盤』（加藤尚武・松川俊夫訳、晃洋書房、二〇〇一年）

（6） 第三論文、および『あなたが救える命』の第一〇章を見よ。要求水準がいくらか下がったのは、たとえば世界の貧困を削減するためにどれだけのお金が必要かという計算を行なったうえで、一人一人がどれだけ寄付をすればよいかと計算していることにも起因していると思われる。しかし、シンガー自身が論じているように、すべての人が「公平な負担分」を寄付するとは限らないので、依然としてかなり要求水準の高い寄付行動が求められる可能性はある。

（7）ピーター・シンガー『私たちはどう生きるべきか』（山内友三郎監訳、ちくま学芸文庫、二〇一三年）

（8）外務省、主要援助国のODA実績の推移（二〇一六年）。http://www.mofa.go.jp/mofaj/gaiko/oda/shiryo/jisseki.html（二〇一八年五月一日最終アクセス）

（9）『寄付白書二〇一七』（日本ファンドレイジング協会、二〇一七年）、一一頁より。

（10）『あなたが救える命』翻訳一九五頁。

（11）『私たちはどう生きるべきか』第八章を参照。

（12）この発想の元ネタは功利主義者のヘンリー・シジウィックの『倫理学の方法』の次の箇所である。Henry Sidgwick, *The Methods of Ethics*, Seventh Edition（London: Macmillan, 1907）, pp. 428–429.

（13）詳しくは『あなたが世界のためにできるたったひとつのこと』（前出）を参照。また、シンガー自身も、『あなたが救える命』と同名のThe Life You Can Saveという、慈善団体の費用対効果を評価して順位付けしている団体を創設している。https://www.thelifeyoucansave.org（二

〇一八年五月一日最終アクセス）

＊

今回の翻訳にあたっては、勁草書房の土井美智子氏にお世話になった。また、監訳者解説については、京都女子大学の江口聡氏から有益なコメントをいただいた。末尾となったが、記して謝意を表する次第である。

二〇一八年五月吉日　吉田の研究室にて

児玉　聡

索　引

あ　行

か　行

さ　行

原著書略歴

ピーター・シンガー（Peter Singer）

1946年生まれ。1971年オックスフォード大学哲学士号（B. Phil.）取得。プリンストン大学生命倫理学教授、メルボルン大学応用哲学・公共倫理学研究所教授。

主著：*Animal Liberation*（1975：邦訳『動物の解放』（改訂版）、人文書院、2011年）、*Practical Ethics*（1979：邦訳『実践の倫理』（第二版）、昭和堂、1999年）、*One World*（2002：邦訳『グローバリゼーションの倫理学』昭和堂、2005年）、*The Life You Can Save*（2009：邦訳『あなたが救える命』勁草書房、2014年）他。

監訳者略歴

児玉　聡（こだま　さとし）

1974年生まれ。2002年、京都大学大学院文学研究科博士課程研究指導認定退学、博士（文学、2006年）。京都大学大学院文学研究科准教授。著書に『功利と直観』（勁草書房）、『功利主義入門』（ちくま新書）他。

訳者略歴

市位知暉（いちい　ともき）　序・はじめに・謝辞

1991年生まれ。2016年、京都大学大学院文学研究科修士課程修了。

井保和也（いほ　かずや）「飢えと豊かさと道徳」

1992年生まれ。2016年、京都大学大学院文学研究科修士課程修了。京都大学大学院文学研究科博士後期課程在籍。日本学術振興会特別研究員（DC2）。主論文に「ストローソンの反応的態度説とその擁護」（『実践哲学研究』第39号、2016年）、「フランクファート型事例のその後」（『哲学・人間学論叢』第8-9号、2017-2018年）。

久本雅人（ひさもと　まさと）「世界の貧困に対するシンガー流の解決策」

1991年生まれ。2016年、京都大学大学院文学研究科修士課程修了。

田中創一朗（たなか　そういちろう）

「億万長者はどれだけ寄付をするべきか――そしてあなたは？」

1991年生まれ。2017年、京都大学大学院文学研究科修士課程修了。

飢えと豊かさと道徳

2018年6月20日　第1版第1刷発行

著　者　ピーター・シンガー
監訳者　児　玉　　聡
発行者　井　村　寿　人

発行所　株式会社　勁《けい》　草《そう》　書　房
112-0005 東京都文京区水道2-1-1　振替 00150-2-175253
（編集）電話 03-3815-5277／FAX 03-3814-6968
（営業）電話 03-3814-6861／FAX 03-3814-6854
平文社・松岳社

ISBN978-4-326-15454-8　Printed in Japan